「食」の図書館

サラダの歴史

SALAD: A GLOBAL HISTORY

JUDITH WEINRAUB
ジュディス・ウェインラウブ【著】
田口未和【訳】

原書房

目次

［……］は翻訳者による注記である。

序章◉サラダとは何か

◉ロンドンのサラダ

　1970年、私は結婚したばかりの夫と一緒にニューヨークを離れ、ロンドンで3年間暮らすことになった。それまでにもヨーロッパを旅したことはあったものの、アメリカ以外の国で実際に暮らした経験はなかった。だから、新たな国で本格的に暮らすというはじめての経験の場所が、英語を話す国であることにほっとした気持ちだった。礼儀作法、政治、男女の役割などが、アメリカとは少し異なるだろうとは思っていたし、食習慣の違いでさえ、ある程度は覚悟していたつもりだった（知人たちはみな――誤った思い込みから――イギリスの食べ物はひどいと警告していた）。しかし、それからのイギリス生活でどれほど多くの文化の違いに直面することになるか、その時点で完全に予想できていたわけではない。日常の基本的な食べ物でさえ、私がそれまでなじんでいたものとはまったく違っているかもしれなかったのだ。

たとえば、サラダやサンドイッチでさえ。

飛行機がロンドンに着いたのは夜も遅い時間だったので、ほとんどのレストランはもう閉まっていた。だから、滞在先のホテル――ヴィクトリア駅近くの古びてはいるが大きなホテル――が、飢えた若いアメリカ人夫婦をあわれみ、チキンサンドイッチなら用意できると言ってくれたときには、どれほどありがたかったことか。しかし、やがてテーブルに運ばれてきた皿にのっていたのは、薄っぺらい2枚の白いパン（外側のパリッとした耳の部分がない）にバターを塗り、紙のように薄い鶏肉のスライスをはさんだものだった。厚みは全体でも1センチちょっとしかない。アメリカのデリやレストランで見慣れていた、詰め込みすぎくらいのサンドイッチとはまるで違う。とはいえ、これは少なくとも私がサンドイッチとして思い描くものと、似ても似つかないというわけではなかった。

しかし、サラダとなると、まったく話が変わってくる。私にとってなじみのあるサラダといえば、たっぷりの緑の葉野菜に細切りの肉やチーズをのせたもの、レタスの上に缶詰のツナをのせたもの、カッテージチーズと果物、あるいは、小皿に緑の野菜とニンジンの細切りや、くし形に切ったトマトを盛ったものだった。

ロンドンでの生活をはじめたばかりの頃、ホテルの近くを探検しているあいだに、駅の近くの小さなレストランで「コールド・チキンサラダ」を注文したことがある（場所柄もそうだが、「コールド」という言葉にも警戒すべきだった）。運ばれてきたその「チキンサラダ」とは、乾いた、実際に冷たいローストした鶏もも肉と貧相なレタスがわずかながら皿にのったものだった。そしてその横に、サラダクリームと呼ばれる、それまで見たこともないような粘り気のある液体の入ったボトルが置かれた。

イギリスの食べ物についてそれまで聞かされていた話は本当なのかもしれない、と私は心配になりはじめた。しかしありがたいことに、その考えは間違っていた。すぐに、クランクス（Crank's）というレストランで、冒険的でおいしい多彩なサラダ料理が毎日作られていることがわかった。クランクスは、カーナビー通りから少し入ったところにある高所得層に人気の「ヘルシーフード」の店で、当時は最先端の場所として注目されていた。

買い物好きで料理好きでもある私は、ロンドンでみごとな農産物が手に入ることに驚いた。ハロッズ［ロンドンの老舗高級百貨店］のフードホールだけではなく、市内のあちこちにある青果店ではどこでも、アメリカの典型的なスーパーマーケットで目にするより多くの地元産の野菜を目にした（西ヨーロッパを「地元」と呼ぶことができるなら、ではあるが）。

◉サラダとは何か

まもなく、あのチキンサラダの経験は、すでに私の頭のなかに漠然とはあったものの、完全には理解していなかった事実を裏づけるものだったと気がついた。共通の言語を話すからといって、あるいは同じ単語を使っていてさえ、料理の定義について合意している保証にはならないということだ。サラダのように見た目はごくシンプルな料理であっても、それは変わらない。

実際に、それから数十年後にこの本のためのリサーチをはじめてみて、「サラダ」という言葉（さまざまな言語のさまざまな単語で表される「サラダ」）は、食物史を通じて、形を変えてたびたび登場することに気がついた。メニューのなか、古代の料理本のなか、晩餐会の描写のなか、小説のなか。その「サラダ」がどんな料理なのかは、くわしく説明していることもあれば、そうでないこともある。その事実は、私にとっては驚くべきことだった。これはつまり、「サラダとは何か」は、教えられるまでもなく、誰もが普通に「知っていた」からなのだろうか？

なるほど、ヨーロッパとアメリカのサラダに欠かせないレタス、オリーブオイル、酢またはレモン、塩などの材料は、何世紀も前から使われていたと記録に残っている（この伝統を

モッツァレラチーズとトマトのサラダ

もたない地域、たとえば北欧やアジア、インドやアフリカの一部では、サラダはわりと最近になって食べられるようになった）。しかし、これらの食材はどのような経緯で一緒に食べられるようになったのだろう？　サラダにはほかにどんな食材が使われたのだろう？　各時代の食文化にサラダはどんな役割を果たしたのだろう？　そして、どんな社会階級の人たちがサラダを食べてきたのだろう？　いつ、どのようにサラダは食べられたのだろう？　フォークで食べたのだろうか、それとも手で？

調べてみると、一般にサラダとして知られているものには、何らかの種類の葉野菜とドレッシングが使われることが多いとわかるが、このような疑問への答えは、時代と地域によって変わった。ある時代のある地域でサラダとして考えられていたもの――ラテン語なら acetaria、古イタリア語なら insalata、古フランス語なら salade、英語なら sallet――は、当然ながら、その土地特有の食習慣、文化的な価値観、気候や農業事情、味覚の違い、生理学や健康や医療についての考え方を反映していた。

しかし、何らかの（通常は）熱を加えない葉野菜にドレッシングをかけて食べてみようという試みは、何世紀も前から記録に残っている。当初はそれなりに裕福な家庭のキッチンで、生の野菜の上にほかのいろいろな食材――ローストした肉類、臓物、チーズ、ハーブ、パン――をのせて食べていたので、シンプルにサラダを定義するのは不可能に近かった。

イタリア伝統の健康的なサラダ、パンツァネッラ。

サラダと呼ばれてきた料理には次のようなものがある。

野草または菜園で育てた葉野菜に塩味のきいたドレッシングを合わせたもの。

体内のバランスを正しく保つために考えられた冷たい野菜料理（2世紀の傑出した医学者で哲学者のガレノスが主張した四体液説にもとづく）。

ルネサンス期とポスト・ルネサンス期の晩餐会で大きな焼いた肉に添えられたクレソンやハーブやレタス。サラダドレッシング風のものをかけた冷たい料理で、葉野菜はほんのわずかのレタスくらいしか使っていないもの。

20世紀初期のアメリカのキッチンで手早く用意された、野菜、ロブスターまたは鶏肉を主役にした繊細な料理。食事の前後、または食事と一緒に食べられる、きれいな色合いのサイドディッシュ。

体重を減らしたり維持したりするために考えられた低カロリーの料理。

それとは正反対の、20世紀後半に登場したサラダバーで選ばれる、パスタやポテトサラダ、缶詰のマメ、ツナサラダ、加熱するか生のままの野菜、カニ風味の調理品、そしておそらくは少しばかりの葉野菜を山盛りにしたもの。

家庭で作るサラダ用に袋入りで売っている緑の野菜。

基本的には西ヨーロッパのサラダをアレンジしたアジアの料理。

創造性にあふれた料理人にとってインスピレーションの源になるもの。

さらには泡状にした野菜をタワーのようにしたものすらある。

サラダは複数のコースで構成される食事のひとつのコース［かつては前菜やメインディッシュが複数の皿で構成され、それぞれを第1のコース、第2のコースなどと呼んでいた。大がかりな晩餐会になるほどコースの数が増えた］、サイドディッシュ、あるいは（とくに20世紀後半から21世紀はじめにかけては）それだけで一度の食事にもなってきた。メインの料理の前またはあとに出されることもある。そして温かい料理のあいだに出されるつなぎとして、あるいは口直しとしても提供される。

サラダは伝統的に生野菜で作られるか、生野菜を含むものだったので、食事の流れのなかで料理の温度、食感、味に変化を加えることができる。ゆでてから冷ました野菜でも、その役目を果たす（本書ではおもにヨーロッパのサラダの伝統にしたがったものを紹介するが、世界のほかの地域でも、現在はサラダとして分類されている料理が生み出されてきた。これらは西洋のサラダと似ていることもあれば、似ていないこともある。一般にレタスは使わないが、ヨーロッパやアメリカのサラダと同じように、メインディッシュに対して温度と食感のコントラストを与えるものとして作られ、可能なときには、その地域特産の野菜――ときには生のもの、ときには加熱したあとで冷やしたもの――を使い、ドレッシングを合わせて

新鮮なレタスの上にクルミ、セロリ、リンゴをのせたウォルドーフサラダ。

いる）。

間違いなく、サラダの物語はシンプルではない。「サラダ」という単語では、古代から現在にいたるまでサラダと呼ばれてきたたくさんの種類の料理すべてを表現することはむずかしくなった。それでも、サラダの物語には継続性があるように思える。どの時代の人々も、葉野菜とドレッシングという伝統的な組み合わせから出発して――ときには葉野菜を省いてしまうという形をとることもあったが――何らかの形のサラダを作り出してきた。そのようにして生まれる料理は、昔もいまも単なる新しいレシピではなく、その時代のその土地の食文化の需要と期待を反映し、それに応えるものとなっている。

第1章 ◉ はじまりはレタス

多くの医者が、この野菜〔レタス〕はほかのどれよりすぐれていると判断している。

——ペルガモンのガレノス『食物と食習慣について *On Food and Diet*』（2世紀）

サラダのない文明社会がこれまで存在したことはあっただろうか？　サラダは古代ギリシアの詩人たちに称賛され、古代ローマの晩餐会のテーブルでは焼いた肉に添える人気のつけ合わせとなり、中世のフランスの宮廷でも大人気だった。現代では家庭の食卓、カフェテリアのトレイ、飛行機の機内食、サラダバーに欠かせず、ファーマーズ・マーケット［地域の生産者が農作物などをもち寄り、直接販売するスタイルの市場］はもちろん、ファストフード店のメニューにも含まれるのが当然と思われている。内容はさまざまだが、サラダは遠い昔からずっと世界中の人々の食習慣の一部だった。現代人の食生活にもサラダは欠かせない。私

世界中のホテルやレストランのメニューでよく見るシーザーサラダ

たちは自分の好みのさまざまな材料をサラダに入れて楽しんでいる。これほど「健康的な」食べ物を食べる自分を誇らしく感じ、サラダがあるのはあたりまえだと思っている。

しかし、物語はそう簡単ではない。かつては、どちらかといえば軽視されている食物グループ（野菜）のなかの、名もない料理にすぎなかったサラダが、いまでは多彩に姿を変える食生活のスターの地位についている。ここまでくるのに、どんな歴史をたどってきたのだろう？

◉レタス——生で食べる唯一の野菜

まず、ミックスグリーンサラダやシーザーサラダ、袋入りのサラダや瓶入りのサラダドレッシング、サラダバーが登場するはるか以前の時代には、その価値が広く認められる野菜はたったひとつしかなかった。

レタスである。

ほかの野菜は人の健康に害を与えるような成分を何かしら含むと考えられていたが、レタスだけは違った。少なくとも古代ローマ帝国の時代には、哲学者や随筆家、歴史家たちがすでにレタスの価値を認めていた。当時、レタスは生で食べるのが一般的だった唯一の野菜だった。ただし、現在の私たちはこの遠い昔のレタスを見ても、レタスとは認識できないかもしれない。現在の玉レタスやバターヘッドレタス（ボストンレタスやビブレタス。日本ではサラダ菜）とは違って、古代のレタスは現在のロメインレタスに近いものだった。そして、もっと小さく、もっと苦かった。ほかの野菜と混ぜたり和えたりすることはなく、塩気の強いソース、つまり現在のドレッシングの祖先と一緒に出され、それに浸して食べていた。

これはサラダだったのだろうか？　少なくとも「サラダ」とは呼ばれていなかった。サラダと呼ばれる料理が登場するのは、それから何世紀もあとにラテン語の herba salata（塩をかけたハーブの意）から派生した salade という語が生まれて以後のことだ。

さらに、食べ方も違っていた。一皿の料理またはコースとして提供されるのではなく、サラダは何皿もの料理で構成される大がかりな食事の一部として出されるか、焼いた肉のつけ合

サラダの材料として人気のロメインレタスは、ほとんどのスーパーマーケットや食料品店で手に入る。

わせとして出されるかのどちらかだった。

当時はまだフォークがなかったので、レタスをはじめとする葉野菜は、栽培されたものでも野生のものでも、ドレッシングに浸して食べるのが普通だった。富裕層は栽培されたレタスのほうを好んだ。もっと貧しい階層の人たちが食べるものは、たいていは野山で採ってきたものか小さな庭で育てられたものだった。

しかし、それがどこからきたものであれ、ほかの野菜とは違って、レタスは加熱せずに生のまま食べた。油とガルム（現在の醤油に似た、魚を醗酵させて造る塩味の強い魚醤《ぎょしょう》）と酢、あるいは油にガルムか酢のどちらかを混ぜたものを添えて出した。古代から数百年間は、そうしたサラダは独立したメニューの一品としての地位を得ることはなかった。それでも、このサラダらしき料理が存在したことは間違いなく、食事の流れのなかで温かい料理とコントラストをなす温度、食感、味を与える料理という点では、現在のサラダと同じ役割を果たした。

◉薬としてのレタス

レタスが栽培されたものか野生のものか、また、どのように食べられたかとは関係なく、それを食べた貴族たちや調理した料理人たちは、この野菜には薬としての効果があるという理由から、その価値を認識していた。博識のガレノスはこう述べている。「すべての食べ物のなかで、最高の野菜汁をもつのがこれである。そして、もし実際にこの野菜が血液を増やす性質をもっていたとしても、ほかの体液を増やすことはない」

血液？　体液？　現代の読者にとって、ガレノスのレタスに関するこうした料理とは関係のない観察と結論は謎に思えるだろうが、古代には、これは医学的理論から導き出される論理的な観察だった。現代人は食べ物のことを個別に考えることが多く、食餌療法、医学、生理学、哲学を総合的にとらえた複雑な体系の一部として考えることはない。しかし、人体の

伝統のリヨン風サラダにはゆで卵をのせる。

複雑なメカニズムが理解される以前の古代社会では、食べ物は単純に食べ物としてだけ考えられていたわけではなかった。すべての食べ物は「四体液説」——人の体がどのように機能しているかについての当時の主流の理論——の構成要素とみなされた。

医学の一学説として受け入れられていた四体液説は、古代ギリシアの医学者として有名なヒポクラテスが主張した生理学的・哲学的な理論だが、それを2世紀後に体系化したのがガレノスだった。ガレノス派の医学は、人体を4種類の液体（体液）——黒胆汁《こくたんじゅう》、黄胆汁《おうたんじゅう》、粘液、血液——のバランス（あるいはより一般的にはバランスの悪さ）という点から観察した。四体液はそれぞれ異なる配分の「熱」「冷」「湿」「乾」の性質をもち、どの体液が支配的かによって、それに対応した気質——「楽観的」「無気力」「短気」「憂鬱」——が強まるとされた。食べ物も、これらの性質の組み合わせでできているとみなされた。

物事をさらに複雑にするのは、この医学体系では、それぞれの人が4つの要素を特定の割合で組み合わせた気質をもっていると考えられていたことだ。何を食べるか、食材をどのように調理するかが、体内の体液のバランスを変え、しばしば悪い方向に変えるとみなされた。しかし、（体液という面で）バランスのよい食事をすると、バランスを崩した体を整えなおし、それを維持する助けになった。さて、古代社会の食理論の世界へようこそ。

古代ギリシア・ローマの食べ物について現代の私たちが知る多くのことは、ガレノスが書き残した文献がもとになっている。彼は著述家、思想家として多くの書物を書いた。貴族ではないものの、裕福で影響力のある家系に育った。

父親は医者だった。当時の医者はとくに高等な職業とみられていたわけではないが、その父がある夜、当時17歳だった息子がやはり医者になる夢を見た。ガレノスはその予兆を受け入れた。彼の教育は多方面にわたり、数学や哲学のほか、より一般的な弁論術や文学にまでおよんだ。幅広いジャンルの書物を読んでいた彼は、食事と健康についてのヒポクラテスの理論に大きな影響を受けた。調査のためあちこちを旅してまわり、専門家から学んでは自らの研究も進めた。

一時期、ペルガモンの剣闘士養成学校で医師を務めたことがある。そこではけがをした剣闘士の体を治すことが医師たちの仕事で、ガレノスはそこで解剖学を学んだ。さらに、食べるものを変えることで、けがをした剣闘士たちが体力を取り戻すのにどう役立つかを実験する機会も得た。

◉「最高の野菜汁」

ガレノスの論文のひとつ、『食べ物の力について *On the Power of Foods*』は、富裕層の贅沢な食卓から貧困層のあり合わせの食事まで、古代ローマの食理論と食習慣を教えてくれる、いわば当時の台所をのぞく小さな窓である。ガレノスは知られているかぎりの食品を果物、野菜、穀物、魚、家禽《かきん》、肉、臓物、乳製品などに分類し、それらを味、消化に関する特徴、体液への効果にしたがって分類した。体液のどれかを増す効果はあるか？　胃にはよいのか悪いのか？　体内をすばやく通過していくか？　消化しやすいか、しにくいか？　彼はまた、それらの食べ物が一般にどのように調理され、どのように食卓に出されるかについても説明し、いくつかのレシピまで紹介した。

ガレノスの本からわかるのは、レタスは野菜のなかでも特別な位置を占めるということだ。彼のレタスの称賛ぶりは注目に値する。そして同じように注目すべきは、レタスはたいてい生のまま、オリーブオイル、ガルム、酢を組み合わせたある種のドレッシングとともに食べられると書いていることだ。言ってみれば、現在のグリーンサラダとそう変わらない。

生の果物や野菜には「冷」の性質があるため、当時の医学思想ではあまり食べないほうがよいとされていたが、ガレノスはレタスを「最高の野菜汁」が含まれる食べ物とみなしている。しかし腹立たしいことに、その部分をくわしく説明する代わりに、彼はこの野菜について「現在の誰もがレタスと呼んでいるもの」とだけ言及している。誰もが、というのはつまり、上流階級に属する人たちという意味で、自分の別荘でレタスを栽培しているか、町で買

17世紀前半の作者不明の絵画『エマオの晩餐』には、サラダが丁寧に描かれている。

うことができた人たち、そしておそらくは、農場で働いていたものの、市場で売るほどの作物が育てられる広さの自分の菜園はもっていなかった人たちも含まれる。

ただし、誰もがレタスを称賛していたわけではなかったようで、ガレノスは医学の専門用語と日常用語の両方でレタスの価値を説いている。「レタスを食べるおかげで体内の血液量がかなり増えることになるのなら、そして、その理由のためにレタスが非難されているのなら、その欠点を正すのはしごく簡単だ。なぜなら、レタスを食べる人たちは、第一にもっと運動するようにして、第二にレタスを食べる量を少なくすればいいのだから」

ガレノスによれば、レタス——生のものでも加熱したものでも——は、体のバランスと健康を回復する助けになった。そして、どちらかといえば特定の食べ方をするときにその役割を果たすことが多いと考えられた。たとえばガレノスが歯を悪くしたとき、彼はレタス（花と実がなる前のもの）をゆでてから食べると効果があることに気がついた。そして、レタスを夜に食べることが、不眠を解消する唯一の方法になったとも打ち明けている。

生のレタスへの彼の称賛は、古代社会で手に入ったほかの野菜——現在の私たちがサラダの材料として思いつくような野菜——に対する考え方とははっきり異なる。これらの野菜について、ガレノスは軽視するか、そうでなければサラダとしてではない食べ方（つまり加熱して食べる）を紹介している。

たとえば、エンダイブとチコリについては、レタスと同じくらい強力な医薬的性質があるとわかったが、味は劣ると書いている。ビートルート（ビーツ）については、栄養がほとんどないという点は「ほかの野菜と同様だが、マスタードか、少なくとも酢と一緒に食べると、脾臓《ひぞう》に問題を抱える人にとってはよい薬になる」「実際、ビートルートは食べ物というより薬と呼ぶほうが適しているといってもいい」と書いている。ニンジンは、ほかの根菜と同じように利尿薬とみなされたが、ガレノスによれば消化がよくなかった。

キュウリは「ひどい野菜汁」のために好まれなかった。キュウリの汁は悪性の熱の原因となり、気づかないうちに血管にたまっていくとされた。ラディッシュ（根を食べられる植物に分類された）も生で食べることができ、前菜として魚醤をつけて食べると腸を穏やかにする、とガレノスは説明している。彼の観察によれば、人によってはラディッシュに酢をかけて食べ、田舎の人々はパンと一緒にラディッシュを出していた。フェンネルについては、人々が食料不足のときに仕方なくゆでて食べる植物のグループに含めている。

ルッコラはそれだけで食べるよりレタスの葉と一緒に食べるのがよく、ルッコラだけを食べると頭痛を引き起こすことがあると忠告した。タマネギ、ニンニク、リーキ（ポロネギ）については、概して加熱せずに食べるべきではなく、2～3度ゆがくことで、あく抜きができると書いている。

ガレノスは野菜の食べ方を紹介する部分で、野菜は2回ゆでてから食べることが多いと報告している。いったん沸騰した湯のなかで軽くゆで、水気をしぼってから再びやわらかくなるまでゆでる。あるいは、アーティチョークのように、完全にゆでてからオリーブオイル、魚醬、またはワインと一緒に出す。しかし、レタスに関しては、その歴史が違っていた。ガレノスの時代までには、生のレタスを何らかのドレッシングと一緒に食べる習慣がすでに根づいていた。

もっとも、社会のすべての階級の人々が日常的に食べていたわけではないようだ。古代のレタスは、エジプトでは媚薬として、ギリシアでは鎮静剤として、古代ローマでは性欲の抑制剤としてなど、さまざまな使い方をされていた。

◉彼らは何を食べていたか？

紀元1世紀の詩人マルティアリスはレタスのさまざまな用途について書いている。たとえば薬としての使い道については、「レタスとやわらかいリンゴを食べるといい。なぜなら、ポイボス、君は排便中のようなしかめっ面をしているからだ」と助言している。料理としては、レタスは宴会の最初に食べるのがいいとすすめている。そして夕食に客を招くときには、

ジェームズ・ギルレイ『質素な食事を楽しむテンペランス』(1792年)

彼は現代のツナサラダによく似たお楽しみをメニューに加えていたという。薄切りのリーキ、健康によいレタスとツナに、ルー［ヘンルーダとも呼ばれる独特の強い香りをもつハーブ］と卵のソースという内容だ。

やはり1世紀に、大プリニウスが、ギリシア人は3種類のレタスを区別していたと書いている。細長くて茎のあるもの、野草のような緑の濃いもの、そして、丈の低い平べったいものだ。しかし、彼はさらに庭で栽培するレタスにもふれ、色は緑と記している。大プリニウスはレタスをアケタリア（acetaria）――庭で栽培でき、「生で食べられるので火がいらず、燃料費が節約できる」作物――と呼び、「手近にあっていつでもすぐに食べられる」と説明している。

古代社会のどれほどの人が、レタスやほかの葉野菜のこのような「医学的」あるいは哲学的な分析に注意を向けただろう？　私たちにはわからない。しかし、医学でも料理学でも哲学でも、理論とはおかしなものだ。これらは実際に人々が何を食べていたかを教えてくれることはめったになく、ガレノスの医学的な教えが人々の日々の食事の選択すべてを支配していたと結論づけるのは現実的ではない。実際には、人々は手に入る食材、家計でやりくりできるものを食べていた。そして、可能な範囲内で自分の好きなものを食べていた。

したがって、サラダに関するすべての議論、さらにいえば、私たちの時代まで伝えられて

キャベツを使うコールスローは、グリーンサラダよりもおなかを満たす。

きたすべてのレシピは、支配階級の習慣や好みを反映している。彼らは労働者や奴隷や新たに自由を得た人々とは違って、何を食べるかを自分で選ぶことができたからだ。

古代ローマ人は野山で採ってきた自然の食べ物よりも、農場で栽培されたか、温室で育てられた食べ物を好んだ。下層階級（奴隷と労働者）、とくに都市に住む人たちにとっては、レタスやほかの栽培された葉野菜は高価な食材であり、間違いなくおなかいっぱい食べるようなものではなかったはずだ。わざわざ採りに行く必要があり、ときおり季節のものとして手に入ることはあるが、そうでなければ食べずにすませるような食材だ。いずれにしても、彼らは野菜についての哲学的な考察にとらわれることはなかった。経済的な階級が上になるほど自分の好む食材を買えるようになり、レタスやほかの葉野菜の医薬的な価値についても考慮に入れるようになる。

サラダに関連してもうひとつ考えなければならない要素は、1回ごとの「食事」に対する考え方が現在とは違うという点だ。現在の食事は内容や構成がほぼ決まっていて予想しやすいが、古代では階級や地域、食材がどれだけ手に入るかによって食事内容が大きく変わった。現在の食習慣は、朝食、昼食、夕食という1日に3度の食事を基本としているが、これは産業革命後に確立された習慣にすぎない。

◉アピキウスの贅沢なレシピ

幸いなことに、古代の実際の食生活について教えてくれるもうひとつの情報源として、『料理について *De re coquinaria*』がある。現存しているもののなかではヨーロッパ最古のレシピ集で、富裕層が実際に食べていたものが掲載されている。著者は1世紀はじめのローマの美食家、マルクス・ガヴィウス・アピキウスとされている。アピキウスは度を超して派手な酒宴を催し、贅沢な晩餐会のための資金がなくなることを不安に思うあまり自ら命を絶ったといわれているが、くわしいことはほとんど知られていない。

この本に収められている上流階級向けの、複雑で凝ったものを含むレシピ約500点は、すべてを集めてから10冊の本に分け、現在の料理本と同じような方法で整理された。たとえば、室温で出すオードブル風の料理、肉、家禽、野菜、マメ類、魚介、贅沢な料理などがある。これらのレシピはそもそも、家に専属の料理人がいるような裕福な家族のもとで働く、プロの料理人から集めたものである可能性が高い。つまり、富裕層のためのレシピ集ということになる。

いまでは、このレシピ集はアピキウスひとりではなく、長い時間をかけて複数の料理人がまとめたもので、当初は料理人向けに書かれたものだったと考えられている。もともと贅沢

レタスの上にパイナップルとイチゴをのせたカッテージチーズサラダ

な饗宴に出されていたような多くのレシピは、準備するのに相当な費用がかかっただろうと思われ、明らかに経済的に豊かな階級向けに考案されたものだ。その家で働く厨房の使用人や料理人が必要な食材——新鮮な、あるいは温室栽培の野菜を含む——を費用の心配をせずに手に入れられる階級である。

私たちがサラダと呼ぶタイプの料理は、シンプルにもできれば、野菜以外の多くの材料も加えて、比較的凝った料理にもできた。この時点でサラダへのアプローチはシンプルなものと贅沢なもののふたつに分かれ、その流れが引き継がれて「サラダ」という言葉を簡単に定義するのを困難にしている。

『料理について』のレシピは日常の食事で食べるようなものではないが、レシピが掲載されていないからといってシンプルなものが日常的に食べられていなかったということにはならない。贅沢な野菜料理、たとえば湯通ししたウリに、コショウ、ラベージ［セリ科のハーブの一種］、オレガノ、万能調味料のガルム、下準備した内臓や卵を混ぜたものを詰めて、ひもでしばって油で揚げ、ソースを添えて出すような料理を作る料理人は、それより先に、レタスや葉野菜にドレッシングをかけるような基本の料理に熟達している必要があったはずだ。

私たちがサラダに合うと考える生の野菜——葉野菜、セロリ、パセリ、生のコリアンダー、スイバ（ソレル）など——の多くは、古代のサラダと呼べそうないくつかのレシピに含まれている。素朴な葉野菜、エンダイブ、あるいはレタスに、ガルムと油と酢のドレッシングを合わせたようなものだ。

しかし、野菜は一般に生で食べるより加熱したほうが体によいという説がまだ広く信じられていた。そのため、加熱した野菜を使ったレシピのほうがずっと多い。たとえば、つぶして細かくきざんだセロリと一緒に、コショウ、ラベージ、オレガノ、タマネギワイン、ガルム、油をすべて鍋に入れて温める料理があった。ほかにもサラ・カッタビア（sala cattabia）と呼ばれる3種類のレシピ――パン、チーズ、ゆでた野菜、ハーブ、鶏肉を重ねた凝った料理にドレッシングをかけたもの――は、学者たちにはサラダとみなされていた。

いずれにしても、これらの料理は冷やした状態で出されていた。ドレッシングをかけたシンプルなグリーンサラダというよりは、18世紀の複雑なサルマガンディと呼ばれるサラダに近いこれらの料理は、ハーブだけでなく、ハチミツ、酢、魚醤、チーズ、キュウリ、タマネギ、やわらかくしたパン、ニンニク、鶏肉、さらにはスパイス入りのワインまでたっぷり使っていた。

アピキウス風サラ・カッタビアの作り方の指示を見てみよう。これは、ある意味でとても贅沢なチキンサラダといえる。

乳鉢にセロリシード、乾燥ペニーロイヤルミント、乾燥ミント、ショウガ、グリーンコリアンダー、種を抜いたレーズン、ハチミツ、酢、油、ワインを入れる。全体をたたくようにしてすりつぶす。小さな鍋にピケヌム産のパン（軽くてふんわりしたセモリナ粉で作ったパン）に、ゆでた鶏肉、ヤギの胸腺、ヴェスティーネチーズ、松の実、キュウリ、細かくきざんだ乾燥タマネギを重ねていく。〔材料〕の上にソースを注ぐ。〔鍋を〕1時間、雪のなかに置いて冷やす。仕上げにコショウをふりかける。

間違いなく高価だっただろう材料をふんだんに使ったレシピは、古代ローマ帝国の終焉とともに消えていったようだ。しかし、食べ物とその調理法や提供の仕方には医薬的な意味合いがあるという考えのほうは、消えてなくなることはなかった。そして驚いたことに、サラダに関してもその考え方はその後何世紀も引き継がれていったのである。

第2章◉サラダ人気の高まり

土曜日に居酒屋へ行った。サラダとオムレツとチーズですっかり満足した。
――ヤコポ・ダ・ポントルモ（1554年の日記より）

1554年の春、ルネサンス期の画家ヤコポ・ダ・ポントルモが、自分がおいしいと思った食べ物について日記に書きつづった頃までには、サラダは数世紀続いた多難な時期を乗り越え、再び食卓に戻りつつあった。戦争や大量の死を招いた疫病、飢餓が続いた中世のあいだ、サラダは葉野菜とドレッシングだけのシンプルなものも、もっと贅沢な材料を加えた冷菜の料理も、とくに求められていたわけではない。実際にサラダが食卓に上がったとしても、それは裕福な家庭に限られていた。

さらに、この時代の野菜は、まだ現在のようにその価値を認められてはいなかった。生野菜を食べるときには慎重でなければならないというガレノスの考え、あるいは人の健康は四体液の正しいバランスを保つことで維持されるという彼の考えに代わる理論はまだ生まれていなかった。果物や野菜は健康によいという現在のような理解が得られるのは、まだずっと先のことである。

それどころか、ガレノスの理論は中世以降に再び影響力が高まりさえした。最初はルネサンス期のあいだに、古典文化——文学だけでなく栄養や料理についての書物も含んだ——の再評価にともなって復活し、ヨハネス・グーテンベルクが1450年頃に印刷技術を完成させて以降、古代の医学や料理の文献（ラテン語で書かれたアピキウスの料理書を含む）が世界の広い地域で手に入るようになると、その影響力はますます強まった。

ガレノスの説を論破するような食事や医学に関する理論はまだなく、人体が実際にどのように機能しているかも理解されないまま、野菜や果物を——その延長線上にあるサラダも含め——毛嫌いする古代の習慣が、17世紀後半になっても、さらには18世紀に入ってからでさえ続いていく（同じように、野菜は人間よりも動物にふさわしく、農民の食べ物であるという考え方がまかり通っていた）。

この時代のガレノス派の理論は、果物と野菜には体を腐敗させる性質があると考え、食べるとしても量は控えめにすることをすすめていたが、いくつかの野菜や果物は体のバランスを修復するのに役立つとも考えていた。とはいっても、日常の現実が理論的な概念にしたがうことはめったにない。やがて、「医学的な」教えにしたがって食べるという考えは徐々に力を失っていった。

◉イタリアの初期のサラダ

食物史家は、イタリアではサラダ風の食べ物が古くから食べられていたと考えている。ポントルモの食習慣からわかるように（多くのサラダ、焼いた肉、パン、アーモンド、クルミ、卵）、サラダは16世紀までにはイタリアの上流階級の食卓に出される一般的な料理になっていた。この時代にはまだ、葉野菜をミックスしたものでも、あるいは古代から引き継がれてきたもっと複雑で高級食材を組み合わせた贅沢なものでも、サラダを食事に含めることは裕福な人たちだけの選択肢だったと思われる。彼らはテーブルの上の見栄えに気を配り、「科学」や医学の理論を気にするというよりは、自分たちの社会的な地位をいかに食卓に反映させるかに関心を寄せた。

反対に、貧しい庶民は文化的にも経済的にも制限のある暮らしを送っていた。彼らはサラダの野菜が「熱」「乾」「冷」「湿」のどこにあてはまるかを気にかけるような知識をもたず――そんなことは知りたいとも思わなかっただろう――、自分たちの経済力で買えるもの、栽培できるものなら何でも食べていた。

地理と気候も、食習慣に影響を与える重要な要素だった。サラダ用の野菜やほかの葉野菜は、温暖な地域のほうが育ちやすい。したがって、サラダが早い時期にイタリアの食事に取り入れられたというのも驚くことではない。ほかのヨーロッパの地域と比べ、イタリアではほんの小さな土地さえあれば、家庭でいくらかの野菜を育てることができた。

食物史家にとっては幸いなことに、何人かのイタリア人がサラダを含む当時の食べ物と、それをどのように調理すべきか、どのように食べられていたかを記録に残してくれている。それらの記述によれば、サラダ——少なくとも葉野菜とドレッシングを合わせたもの——は、イタリアで人気を得て、野菜を軽視する風潮をくつがえしていった。

１４７４年に刊行された、印刷されたものとしてはもっとも古い料理本『真のよろこびと健康について *De honesta voluptate et valetudine*』は、人文主義の学者バルトロメオ・サッキによって書かれたものだ（彼はプラティーナの通称のほうでよく知られている）。基本的な理解に関しては、彼の記述はまだガレノスが唱えた古代の体液説を出発点にしている。しかし、この本の目標は異なり、15世紀後半の貴族の考え方を反映し、彼らがどうしたら快適で健康的な生活を送ることができるかを説明している。

レシピを提供するだけでなく、プラティーナは住む場所をどのように選ぶか、どのように

メロッツォ・ダ・フォルリ『シクストゥス4世によってヴァチカン図書館長に任命されたバルトロメオ・プラティーナ』(1477年頃)

テーブル・セッティングをするか、食事の最初に何を食べるべきかを論じ、さらには、運動、睡眠、性行動についての観察まで含めた。当時の食べ物と調味料について解説し、料理を出す順番についても書いている。

たとえば、医学的なすすめとしては、葉野菜をはじめ、オリーブオイルや酢をかけて生で食べる野菜は便通をよくするので食事の最初に食べるのがよいとした。彼の指摘によれば、基本のサラダ、あるいはもう少し凝った野菜料理は、いずれにしても食事の最初のほうで出されることが多かった。これは、加熱していない冷たい食べ物は食欲を刺激するので、加熱調理した温かい食べ物より先に出すべきだという論理的な考えにしたがったものだ。

プラティーナのレシピは、当時の有名な料理人マルティーノ・デ・ロッシが書いた『料理術の書 *Libri de arte coquinara*』に掲載されているものを応用していた。よって、体液説に敬意を表すアプローチをとることにはなったものの、ローマのエリート貴族たちが実際に何を食べたかを伝えてくれている。この本は何度も増刷されてプラティーナの考えを西ヨーロッパ中に広めた。食べ物についての説明の一部は、ガレノスの見解をそのまま繰り返している。

われらが友人レタスに対する観察もそのひとつだ。彼はガレノスと同じように、料理とは関係のない理由でレタスの価値を説いている。「聖アウグストゥスは、レタスを食べることで健康がすぐれないときにももちこたえたといわれる。それも驚くことではない。なぜなら、レタスは消化を助け、ほかの野菜よりもすぐれた血液を作るからだ」。そして、風味づけしたレタスのレシピを次のように紹介した。「レタスを皿に盛り、挽いた塩をパラパラふりかけ、少量の油とそれより少し多い酢を注いで一気に食べる。風味づけに少量のミントとパセリを加えることもある。そうすれば、味気なさを補い、レタスの過度な『冷』の性質で胃を悪くすることがない」

サラダのこうしたシンプルな食べ方は、これよりさらに基本的なものも含め、レシピ本に載っていることはめったにない。遠い昔の著述家たちは、シンプルなサラダを作るためのレシピなど料理人には必要でないと理解していたからである。もっとも、さらに手の込んだサラダになると、プラティーナの指示はもっと細かくなる。

同じように風味づけしたサラダとしては、材料にレタス、ルリジサ、ミント、カラミント、フェンネル、パセリ、ワイルドタイム、マジョラム、チャービル、ノゲシ（医者はタラジコンと呼ぶ）、ランセット（医者は子羊の舌と呼ぶ）、ナイトシェード（ナス科の野菜の総称）、フェンネルの花、ほかにいくつか香りのよいハーブを集め、よく洗って水気を切る。大きめの皿に野菜とハーブを盛り、塩を多めにふりかけ、油でしっとりさせ、上から酢をかけたら少し置いておく。さらに油をかけ、酢をふりかける。

食べる人が急いでむしゃむしゃ食べてしまわないように、プラティーナは次のような注意書きを添えた。「自然の野菜はかたいので、歯でしっかり噛んで食べる必要がある」。

◉バルトロメオ・スカッピのサラダ

それから1世紀後の1570年、ルネサンス期の料理人で、ローマ教皇ピウス5世の専属料理人になったバルトロメオ・スカッピが、分厚い料理本『オペラ（著作集）*Opera*』を出した。この1000点を超えるレシピを収録した本では、サラダについて何度も言及しているものの、レシピはほんの数点しか載っていない。スカッピはその代わりに、サラダ用の生または加熱した野菜の下ごしらえについて指示を与えている。アスパラ、キュウリ、スプリングオニオン（葉タマネギ）、エンダイブ、サヤインゲンのほか、シトロンの花、子牛肉、ヤギの脚、堅ゆで卵、マカロニ、ケイパー、スグリの実など、あまり想像のつかないものも含まれる。

メニューの例を紹介している部分では、サラダ風の料理の作り方についてもふれている。新鮮なスイートフェンネル、ゆでたアーティチョークに酢と塩をかけたもの、レタスとルリジサの花、キュウリと葉タマネギのサラダなどだ。彼は、サラダに使うアスパラ、エンダイブ、フェンネル、サヤインゲン、キュウリなどの野菜は、加熱しても生でもいいと考えていた。
スカッピの『オペラ』は、挿絵がとくに目を引く。そのなかの一点、台所用品がひとそろい描かれている挿絵には、新しく登場した道具としてフォークも見える。いまではサラダを食べるために欠かせないフォークだが、おそらく当時は革新的な道具だったはずだ。このことから、スカッピのレシピが使われただろうイタリア貴族の大邸宅では、(より一般的なナイフとスプーンに加えて)フォークも食卓の一要素になりつつあったのだとわかる(フォークはヨーロッパのほかの地域に先がけて、イタリアで最初に使われた。イギリスでフォークについてはじめて言及した文献は、これまで知られているかぎりでは、1611年に書かれたトーマス・コリヤットの旅行記『不消化物の数々 *Crudities*』である。コリヤットは破天荒な人物で、1608年にヨーロッパ各地をまわった旅の途中で、はじめて見る食器と出合う。それがフォークだった。「イタリア人も、イタリアに住みついている外国人の大部分も、食事ではいつも小さなフォークを使い、それで肉を切っている」と書いている)。

ヨーロッパのほかの地域より、太陽の光がふり注ぐイタリアでのほうが、野菜がよく食べられたので、バラエティに富んだサラダが最初に登場したのもイタリアだった。当時のイタリアのサラダの代表はレタスやほかの地元産の葉野菜やハーブ、たとえば、エンダイブ、チ

サラダを食べるためにフォークは欠かせない。

コリ、クレソン、ワレモコウ、タラゴン、ルッコラに油と酢をふりかけたものだが、組み合わせはほかにいくらでも可能だった。

◉17世紀のイギリスとフランスのサラダ

イタリアのサラダの記憶は、ジャコモ・カステルヴェトロの脳裏につきまとって離れなかった。宗教的信念のために国外追放された彼は、大陸を横断して海峡を渡り、肉を愛する国イギリスに移り住んだ。1614年に書いた『イタリアの果物と野菜 *The Fruits and Vegetables of Italy*』で、彼は自分が知っているかぎりのイタリアの果物と野菜を季節ごとに分けて紹介し、調理法のほか、サラダとして食べるときの正しい組み合わせも具体的に説明している。

彼が強調しているのは、間違いなく上流階級のサラダの食べ方だ。「サラダを作るには、よい材料だけでは足りない。おいしく作るには、何より材料の扱い方を知っていなければならない」と書き、葉野菜は何度もしっかり洗って泥を落とし、よくふって水気を切り、さらに乾いた麻布で水気をふき取るまでは、ドレッシングのことを考えてはいけない、と念を押している。サラダにドレッシングをかけるときの彼の次の助言は、それから何世紀ものあいだ標準的な手順になる。「サラダには十分な塩をふり、少量の酢とたっぷりの油を使う」

カステルヴェトロの記述からは、野菜についてのガレノスの見解がまだ影響力を保っていたことがはっきりわかるが、彼はとくに春のサラダを好んだ。「このよろこばしい季節に、おいしくて優雅で健康的なグリーンサラダを食べるよろこびを言葉で表現するのはほとんど不可能だ。その理由はふたつあると私は思う。まず、冬に食べていた熱を通したサラダには、もう飽き飽きしてしまっていること。そして、新鮮な緑の野菜は目でも楽しむことができ、味覚を満足させ、何より私たちの健康に本当に役立ってくれる。退屈な冬のあいだに蓄積された、すべての憂鬱と不健康な体液を追い払ってくれるのだ」

しかし、肉を愛するイギリスでサラダを追い求めたのは、イタリア人だけではなかった。疫病、貧困、戦争が相次いだテューダー朝とエリザベス朝の時代は、農産物は豊富に収穫できたわけではなかったが、富裕層の食卓から食べ物が消えることはなかった。そして、大きく切り分けた肉こそが人々の食べたかったものではあったが、どういうわけかサラダはイギリスの上流階級の食生活の一部として生き残り、当時のメニューのいくつかにもサラダが含まれていた。

この時代の料理本に載っていたサラダのレシピはおもにスベリヒユ、ルリジサ、ハマアカザ（ヤマホウレンソウ）などの葉野菜と、セージ、ヒソップ、オレガノの仲間などのハーブを組み合わせたシンプルなサラダ、そして、もう少し手の込んだ、多くの食材を使ったもの

バルトロメオ・ピネッリ（1781 ～ 1835年）が描いた、サラダ野菜を買う女性の銅版画。

であり、それにもしばしば葉野菜が使われていた。

1615年には、作家で詩人、馬術家でもあるジャーヴェス・マーカムが、家事と倹約についての指南書『イギリスの主婦 *The English Huswife*』で、両方の種類のサラダのレシピをいくつか紹介している。ゆでた野菜のサラダ、保存のきくサラダ、酢漬けのサラダなどがあり、なかには食べることを目的としない、テーブルの中央に置いて飾るためのサラダなど、風変わりなものもある。

彼が紹介しているシンプルなサラダでさえ、基本のサラダと呼ぶにははるかに手が込んでいて、たとえば、タマネギ、チャイブ、葉タマネギ、ラディッシュ、ゆでたニンジン、カブ、若いレタス、キャベツ、スベリヒユに、いくつかのハーブを組み合わせ、少量の酢と油のほかに、中世風に砂糖を加えて味つけするものだった。

エリザベス朝の料理人ロバート・メイは、1660年に出版した『料理名人 *The Accomplisht Cook*』でサラダ（sallets）に一章を割いている。これらのレシピもシンプルとは程遠い。彼が紹介している最初のサラダは「多様な食材を使った贅沢サラダ《グランド》」で、シャポン（去勢鶏）のローストを冷やして薄切りにしたもの、あるいはほかのローストした肉に、タラゴンとタマネギ1個分のみじん切り、レタスのみじん切り、ケイパー、オリーブ、酢漬けのエニシダのつぼみ、マッシュルーム、牡蠣《かき》、レモン、オレンジ、レーズン、ナッツ、イチジク、ジャ

世界中で人気のニース風サラダ。材料はツナ、卵、ジャガイモ、オリーブ、マメ類、キュウリ、トマト。

ガイモ、エンドウマメ、油と酢を混ぜ、美しく盛りつけるというものだ。ほかの17のサラダのレシピには肉や魚は含まれないが、さまざまな酢漬けの野菜と、オレンジやレモンの薄切り、レーズン、ビーツ、キュウリ、ハーブ、花などを材料に使っている。

フランスでもサラダの人気が高まっていた。国王ルイ14世はサラダを好んだが、それを食べるのにフォークを使うことは拒絶したようだ。サラダはこの時代になると、辞書や料理本にも登場しはじめる。フランスの歴史家の故ジャン＝ルイ・フランドランの『食事のアレンジ *Arranging the Meal*』によれば、サラダ（salade）とは「通常は生の葉野菜に、塩、油、酢で風味づけする」ものだった。

比較的シンプルなサラダの人気が高まりはじめたことは、フランス文学にも反映されている。16世紀にはすでに、作家のフランソワ・ラブレーがいろいろなサラダについて書いていた。『ガルガンチュアとパンタグリュエル』のなかでは、巨人のガルガンチュアがレタスを油、酢、塩で風味づけしたサラダを作る（そして、その巨大なサラダのなかに迷い込んだ巡礼者の何人かを一緒に食べてしまう）。

食材を買えるだけの経済力があるかどうかが問題であることはこの時代も変わらず、新鮮な野菜は貧しい人々にはまだまだ高価で、ほとんど手に入らなかった。しかしイタリアでは、サラダは貴族だけのものではなかった。サラダ人気がどれほどだったのかを正確に知ることはできないかもしれないが、ヤコポ・ダ・ポントルモの日記を読むかぎり、サラダは晩餐会で焼いた肉のつけ合わせとして使われるだけではなかった。彼の食日記には、レタス、ヤギのひげ、ケイパー、ルリジサのサラダのことが書いてある。温野菜のサラダさえある。ときおり彼がただ「サラダ」とだけ呼んでいる料理については、新鮮な生野菜に塩をかけたものだったのだろうと現在の研究者は考えている。

日記からわかるように、ポントルモはサラダを食事の最初に食べることもあれば、食事のなかの欠かせない一品として食べることもあった。たしかに17世紀には、サラダが食欲を刺激するという考えがまだ残っていた。そして、サラダはいつ出すのがよいかについての議論

「巨人ガルガンチュアがサラダのなかの6人の巡礼者を食べる」。フランソワ・ラブレー『ガルガンチュアとパンタグリュエル』（1873年版）挿絵。ギュスターヴ・ドレ画。

も続いていた――最初のコースなのか、最後なのか、肉のつけ合わせにするのか、サイドディッシュとして出すのか。

●サラダを食べるイタリア人作家

17世紀には、サラダを食べる習慣を作家としてははっきり擁護する人たちの数が増え、新たな流れが生まれた。イタリア人のサルヴァトーレ・マッソニオ（1550～1629年）とイギリス人のジョン・イーヴリン（1620～1706年）の本は、サラダが料理として十分に発展したことをはっきりと伝えてくれる。

医師で作家のマッソニオは、大のサラダ好きだった。イタリアでは、サラダにほとんど注意を向けなかったスカッピの大作『オペラ』からわずか半世紀後に、マッソニオが一冊の本にもなりそうな長さの論文をサラダに捧げた。その『アルキディプノ――サラダとその効用 *Archidipno: Salad and its Uses*』（1627年）を読むと、イタリアで葉野菜の評価が高まり、人々に親しまれる食材になっていたことがよくわかる。マッソニオは、サラダは誰もが食べるものではないにしても、よく知られた料理であると主張している。

この著作のめずらしい題名には深い意味がある。アルキディプノ（Archidipno）はギリシ

パオロ・ヴェロネーゼ『カナの婚礼』（1563年）の一部

ア語のarchi（はじまりに）とdiepnon（夕食）を組み合わせた造語で、当時サラダが食事の最初のコースのなかで出されていた（あるいは出すのがいいとされた）ことを示している。もっともこの本は、食事の最初にサラダを出して、そのまま置きっぱなしにする人たちもいたことを認めている。マッソニオは当時の科学的知識をもとに、サラダの性質、入れる材料、そして一連の野菜の特徴と効用についての自分の考えを述べている。

彼はサラダのすべての材料が栄養に富んでいると指摘しているが、ガレノスに敬意を表し、正しい割合で、質と量に注意して食べなければならないと書いている。そして、サラダを食べることで本当に食欲が増すのかどうかを考察し、サラダはワインとは合わないという確信を述べ、また、それより前に何を食べたかによって、サラダを食べる前に少し時間をおいたほうがいいという考えも述べている。

学術書である本書には古代の文献から得た知見が随所にちりばめられており、サラダが最初に食べられたのはトロイア戦争の時代だったとしている（ホメロスの『イーリアス』の第10巻で、ユリシーズが雄ジカを肩にかついでキャンプに戻ってきたときに出された食事に、油と酢をかけたハーブが含まれている）。

『アルキディプノ』の大半は、じつに幅広い食材と、それらをどう組み合わせるかについての長々とした記述で占められる。マッソニオはまず、ドレッシングの材料から解説をはじめる。酢（彼によれば「解毒作用」がある）とオリーブオイル（「古代人が大切にした」）、そして塩。塩はあまりに重要な材料なので、塩を意味するラテン語の「sol」が「サラダ」という言葉の語源になった。マッソニオはコショウについては、サラダを「優雅に風味づけする」ことができるとし、塩は「鶏肉をサラダに変える」と書いている。

彼のサラダの材料のリストは長く、レタス、キャベツ、キュウリのようにすぐ思い浮かぶものもあれば、ほかにもヒラタマネギ、スプラウト、フェンネル、ルッコラ、食用花、生のハーブなどたくさん挙げられている。これらは市場向けの野菜農園で栽培されたものか、当時の温室で栽培されたものだが、イギリスと北アメリカ大陸では20世紀後半まで、店舗ではほとんど手に入らなかった。

個々の野菜についての説明には、レシピとまではいかなくても、サラダに使うときの指示が書き添えられている。そのなかにはカボチャサラダとそれに使うさまざまなドレッシング、ハーブとケイパーに冷たいキジ肉、塩漬けの肉とタン、リンゴとタマネギを混ぜたもの、ラディッシュサラダ、アスパラサラダ、キュウリサラダ、そしてもちろん、レタスがある。ここではレタスにレモン、アンチョビ、レーズン、ツナを合わせている。ドレッシングについては――驚くにはあたらないが――「通常、サラダ用の香味料は、酢、油、塩で……サラダをドレッシングなしで食べる者は……サラダという名前の意味を見失っている」とマッソニオは書いている。

●サラダを食べるイギリス人作家

それから70年ほどあとに、イギリスのマッソニオの同類と呼べるジョン・イーヴリンが、1699年の名著『アケタリア――サラダ談義 *Acetaria: A Discourse of Sallets*』で、料理に必要な調和とバランスを強調し、サラダを新たなレベルへと引き上げた。イーヴリンはサラダを「自然のままの新鮮な野草を一定の組み合わせで混ぜたもので、通常は何らかの酸味を含む調味液、油、塩とともに安全に食べられるもの」と定義し、ほめたたえている。

イギリスの在郷紳士であるイーヴリンは酪農家で学者、さらにはフランスの園芸に関する文献の翻訳者、また王立協会の設立メンバーでもあった。彼は食と健康だけでなく、園芸にもつねに関心をもち、庭仕事、彫刻、建築に目がなかった。人生の後半になってから『アケタリア』（acetaria は大プリニウスがレタスなど生で食べられる栽培野菜に対して使った言葉）を書いたのは、おそらくは弟がサリー州に所有していたウォットンハウスのキッチンガーデンの設計と再建を手伝うためであり、それ以前には『樹林、あるいは森の樹木に関する考察 *Sylva; or, A Discourse of Forest Trees*』を書いたことで知られていた。

イングランド内戦（清教徒革命）のあいだのほとんどの期間、イーヴリンはかなりの時間をオランダ、フランス、イタリアで過ごした。庭師気質が強かった彼は、これらの国でそれまで知らなかった多くの植物――食べられるものもそうでないものも――の植えつけを観察した。フランス語の園芸の手引きとラテン語の庭の詩の翻訳も手がけている。ルイ14世の庭師長だったジャン＝バティスト・ドゥ・ラ・キンティニーの書いたものには間違いなくなじみがあったはずだ。だから、『アケタリア』を書く頃までには、当時のヨーロッパの植物と庭仕事の習慣をよく知っていた。

イーヴリンは彼の著作のなかで、個々の食べ物の性質について、まだガレノスが唱えた「湿／乾」「熱／冷」の考え方に言及している。しかし、もっと実際的な知識にもとづいた野菜の可能性にもよろこびを見いだしている。「文化、産業、そして庭師の技術によって改善される」食べ物としての野菜だ。これはまったく新しい考え方で、現代的でさえあった。イーヴリンが理解したように、人間は野菜の質や特徴に影響を与えることができ、すでにそうしていたのである。

マッソニオと同じように、イーヴリンもサラダの材料とドレッシングについて、学識に満ちた長いリストを提供している。彼はまるでそれが自分の使命であるかのように、イギリスですでによく知られていた食べ物だけでなく、ヨーロッパをまわっているあいだに観察したり食べたりした新しい果物と野菜のいくつかも紹介した。

さらにはレシピとサラダ作りの助言も含め、葉野菜はきれいに洗って水気を切り、いたんだ葉を取り除き、上質のワインビネガーを使うように書いている。サラダドレッシングを作るための長々とした説明では、オリーブオイル、酢、その他の酸味のある調味料、塩、マスタード、コショウ、堅ゆでにした新鮮な卵の黄身を使うように助言している。

彼はまた、食材をどのようにテーブルに出すのかについてヨーロッパで観察してきたことにもふれ、最適なナイフ（銀製）、どんな皿を使うか（磁器の皿で、深すぎず浅すぎないもの）、いつサラダを食べるべきか、ダイエット効果、菜食主義の美徳などについても書いている。『アケタリア』とそれより前に書かれたマッソニオの『アルキディプノ』は驚くほど現代的な資料であり、料理用の作物栽培と当時のサラダの両方について読者の理解を助けてくれる。どちらの本も食べ物の健康的価値についてはガレノスの理論を受け入れているが、『アケタリア』ではその影響はかなり薄れている。

マッソニオが17世紀の最初の四半世紀にイタリアで食べられていた多くのサラダとサラダに使う食べ物をまとめたのだとしたら、イーヴリンは50年後にさらにその先を行った。彼はイギリスですでに食べられていたサラダを称賛しただけでなく、外国産の食べられる植物、さらにいえば（料理としても健康目的としても）食べるべきだと考えた食べ物についても紹

オリーブオイルとビネガーのボトル

介している。

たとえばナポリのブロッコリ、彼がフランスの田園で目にしたタンポポの根、スペイン人やイタリア人が好んで食べていたニンニク、スペインのタマネギ、そしてもちろん、レタスなどだ。レタスについてはこう書いている。「レタスはこれまでも現在も、世界中のサラダの仲間の土台となる食べ物だ。体を冷やし、リフレッシュさせる」

17世紀の終わりまでには、四体液説にしたがった古代の健康観は影響力を失いつつあった。新しい時代が手招きし、それとともに料理のさまざまな可能性が広がった。食習慣にはまだ日常的な制限があり、材料が手に入るか、それを買うだけの余裕があるかという問題や、味の好みの問題があった。

しかし、変化のきざしはいたるところにあった。フランスでも、イタリアでも、イギリスでも、スペインでも、サラダは自由にその定義を広げていく。新たに生まれたサラダには、どこで食材を手に入れ、どのように提供し、どのように食べるかについて、それぞれの地域の料理の伝統と発達が反映されるようになる。

第3章◉ヨーロッパとアメリカのサラダ

そして、サラダの登場だ。私を信頼してくれる人たちには、これをすすめた。サラダは体を弱らせることなくリフレッシュしてくれる。いらだたせることなく癒やしてくれる……私を若返らせてくれる。

――ジャン＝アンテルム・ブリア＝サヴァラン『美味礼賛』（１８２５年）

哲学的、医学的理論の重荷から自由になったサラダは、人々が自ら選んで食べる料理になった。それも、食べることが望ましい料理としてである。17世紀に入ってフォークの使用がますます一般的になったことが、この動きを後押ししたのは間違いない。もっとも、生野菜を食べることに否定的な考えが数百年にもわたってまかり通っていたために、19世紀になってさえ、イタリアを除けば、サラダはヨーロッパで必ずしも簡単に受け入れられたわけではない。おそらくそれが、ブリア＝サヴァランがサラダを強くすすめる理由のひとつだったのだろう。
サラダの構成は国や地域によってさまざまだった。葉野菜に油と酢のドレッシングをかけたプレーンなサラダにこだわり続けるところもあれば、その地域特有の食文化の影響を受けて、野菜以外の食材をあれこれ使い、それほどシンプルには見えないものを食べるところもあった。サラダを食事のどこで食べるべきか（最初なのか最後なのか）は、まだ解決されない問題だった。

●イギリス

イギリスでは、どちらかといえばプレーンなサラダが、上流階級と下級階級の区別なく食べられていた。それに加えて17世紀後半までには、上流階級はいわゆる「グランド・サラダ」を受け入れるようになった。これは室温で食べる野菜料理で、グリーンサラダとドレッシングというシンプルな料理とは似ても似つかない。食事に招かれた客がおじけづくような組み合わせだったに違いないたくさんの材料で作られることが多く、ピクルス、ソースをかけた肉、色鮮やかなゼリーなどを入れ、それだけで1回の食事になるような料理だった。

詩人で作家のジャーヴェス・マーカムが描写したような、あるいはロバート・メイが『料理名人』のなかで紹介しているいくつかの複雑な「サラダ」レシピのような、この盛りだくさんのサラダは、目を見張るような豪華さで、食べることをためらうほどの高価な料理だっただろう。これに対して、ジョン・イーヴリンが『アケタリア』で熱心にすすめているような、もっとシンプルなサラダのほうは、材料を買えるだけの余裕のある人たち、あるいは農作物が豊富に手に入る地域に暮らす人たちが好んで食べていたと思われる。

どちらのサラダの伝統も、18世紀から19世紀まで受け継がれた。イギリスでは、盛りだくさんの贅沢なサラダは「サルマガンディ」または「サラモンガンディ」の名で知られた。料理研究家のハンナ・グラッセが、『シンプルで簡単な料理 *The Art of Cookery Made Plain and Easy*』（1747年）のなかでそのいくつかを紹介し、「サラモンガンディは、みなさんが手に入れられるお好みの材料で手軽に作ることができます」と書いている。

材料として使われたものは、たとえばレタスかキャベツの千切り、鶏肉の薄切り（胸肉または一口大に切ったもの（もも肉）、骨を取り除いたアンチョビ、堅ゆで卵、酢漬けのタマネギ、パセリのみじん切り、そして、油と酢のドレッシングといったところだ。

プレーンなグリーンサラダは日常的によく食べる料理になったため、文学でサラダに気軽に言及するときには、とくに説明を必要としなくなっていた。作家のジェーン・オースティンは、19世紀はじめの上流階級の世界を舞台にした『高慢と偏見』のなかで、ドレッシングをかけたサラダとキュウリに言及している。キュウリを添えたのは、レタスだけではみすぼらしいと思ったからだろうか。キュウリはサラダにシャキシャキした歯ごたえを加えたことだろう。もちろん、当時はまだトマト、とくに生のトマトは受け入れられていなかった。
同じ年、学者で監督派教会の司祭であり、人気の講演者でもあったシドニー・スミスは田園生活を楽しんでいた。そこで彼はサラダとサラダドレッシングのすばらしさを表現するレシピを、韻をふんだ詩の形で紹介している。冬のサラダのための詩的なドレッシングは、塩、油、酢、マスタード、卵黄、タマネギ、アンチョビソースで作られ、イギリスの上流階級が見た目にも美しいサラダを食べていたことがわかる（くわしいレシピは巻末の「レシピ集」を参照）。レシピの最後では、サラダの地位がすっかり高まったことが表現されている。

ウミガメは期待はずれで、鹿肉はかたすぎても
ハムと七面鳥のゆで方が不十分でも
穏やかに満たされた美食家はこう言うだろう――
運命など恐れるに足りない、私は今日もこうして食事を終えた

言い換えれば、このドレッシングをかけたサラダは、心ゆくまでの満足を与えるものだっ

たので、ハムや七面鳥の下ごしらえが不十分だったとしても、それを補って余りあるということだ。

それから70年後、遠く離れた南北戦争直後のアメリカで、ユーモア作家のフレデリック・スワートウォウト・コズンズが、「物知り」のキャラクターを作り出した。ブッシュワッカー博士という人物で、食べ物についての見識が豊かでレタスやサラダにもくわしかった。シドニー・スミスと同じように、ブッシュワッカー博士は友人たちにあるレシピのことを繰り返し語る。

そのなかで、レタスは――当然ながら――ほとんど欠かすことのできないサラダの基本だと言っている。「ラクトゥーカ（lactuca）、つまりレタスは、世界でもっともよく知られている野菜のひとつだ。遠い昔から知られ、いまと同じように古代の食卓にも日常的に出され、いまと同じように油と酢のドレッシングをかけて食べられていた」

◉フランス

フランスのサラダは、まったく異なる歴史を歩んできた。フランスでは17世紀に料理の革命が起こったが、そこにサラダが占める場所はほとんどなかった。フランソワ・ピエール・

ド・ラ・ヴァレンヌが1651年に出した料理本および美食ガイド『フランスの料理人』で明快に述べているように、新しいフランスの食べ物はフランス料理を劇的に変えることになるアプローチを具体化していた。

ラ・ヴァレンヌはブルゴーニュ地方の貴族、ユクセル侯ニコラ・シャロン・デュ・ブレの料理長だった。ユクセル侯は社交界でも有名な軍人で、ルイ14世の枢密院の一員でもある。ラ・ヴァレンヌの本はおもに自分の職業仲間の料理人向けに書いたものだ。彼はフレンチ・ルネサンス期の香辛料を多用する料理の伝統から離れ、個々の食材よりも、その組み合わせが織りなす自然の風味の調和とバランスがひとつの料理を完成するのだと強調した。彼のミートブイヨンのレシピに、パセリ、チャイブ、タイムが別々に加えられることはない。その代わりに、ハーブ類を束ねたものが風味を増すために投入され、料理ができあがったあとは捨てられた。

したがって、贅沢なサラダのレシピは存在したものの、レタス、エンダイブ、あるいはルッコラをそれだけで食べるプレーンなグリーンサラダは、注意を引くことも受け入れられることもなさそうだった。その代わりに、葉野菜は飾りとして、あるいは熱を加えてほかの食べ物と組み合わせることで風味を加える食材として使われた。

たとえばレタスは、『フランスの料理人』では、鶏肉のグリーンピース添えのような料理

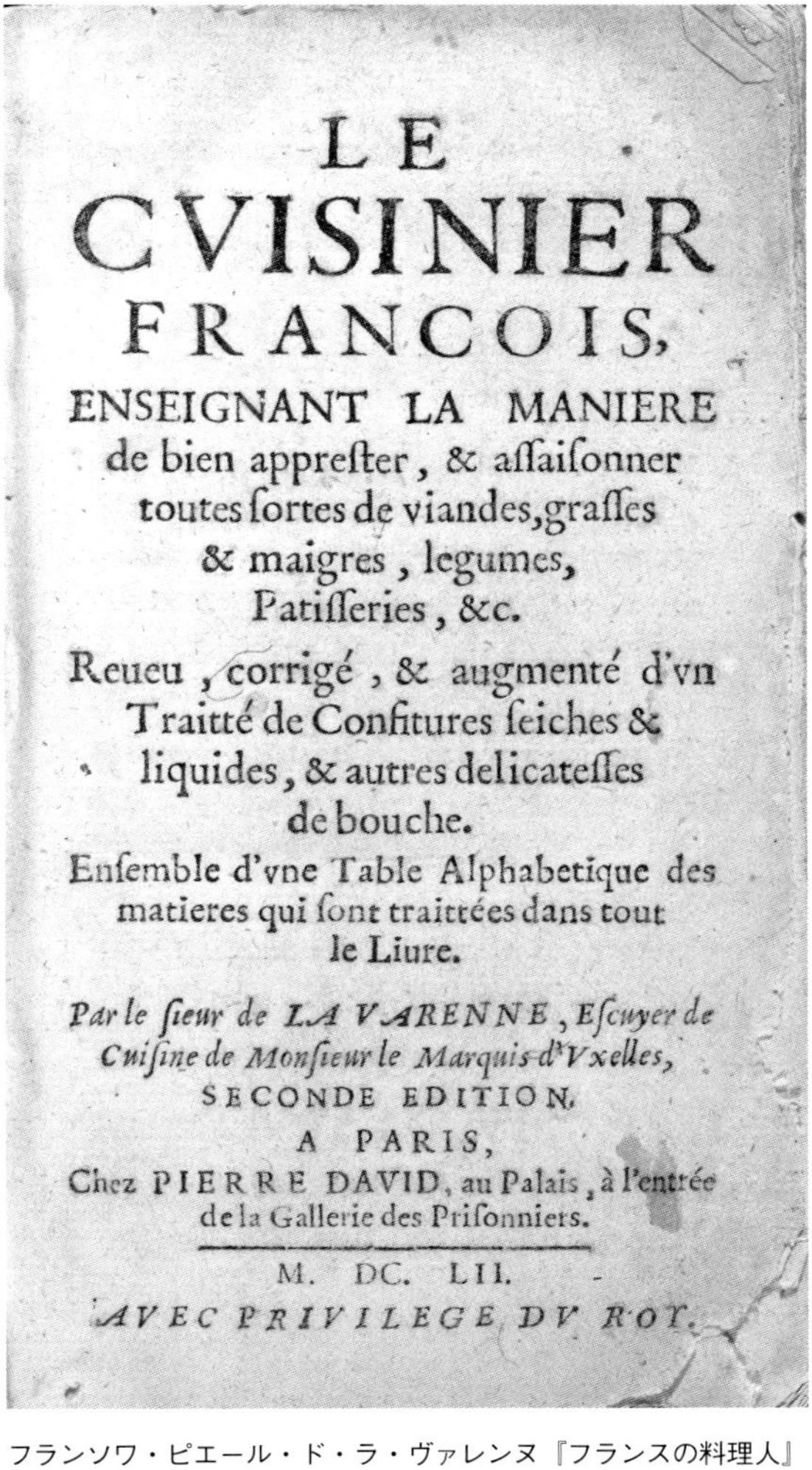

LE
CVISINIER
FRANCOIS,
ENSEIGNANT LA MANIERE
de bien appreſter, & aſſaiſonner
toutes ſortes de viandes, graſſes
& maigres, legumes,
Patiſſeries, &c.
Reueu, corrigé, & augmenté d'vn
Traitté de Confitures ſeiches &
liquides, & autres delicateſſes
de bouche.
Enſemble d'vne Table Alphabetique des
matieres qui ſont traittées dans tout
le Liure.
Par le ſieur de LA VARENNE, Eſcuyer de
Cuiſine de Monſieur le Marquis d'Vxelles,
SECONDE EDITION.
A PARIS,
Chez PIERRE DAVID, au Palais, à l'entrée
de la Gallerie des Priſonniers.
M. DC. LII.
AVEC PRIVILEGE DV ROY.

フランソワ・ピエール・ド・ラ・ヴァレンヌ『フランスの料理人』
（1651年初版）

のつけ合わせとして（ときには加熱した状態で）、グリーンピースのピュレを加えたレタスポタージュとして、あるいはほかの生野菜やハーブと一緒にきざんでオムレツに入れ、野菜の風味を加えるなどの形で、たびたび登場する。

「レタスの葉はあらゆるポタージュの飾りとして使うことができる」と、ラ・ヴァレンヌは書いている。「しっかり湯通しして、水で洗い、上質のブイヨンの鍋に入れて煮る。肉のある日には、脂肪分のあるものを加えると風味を増す。肉のない日にはバターをいくらか加えるといい。ゆでたらすぐに半分に分け、ポタージュに飾りつける」。しかし、『フランスの料理人』に基本的なサラダのレシピが欠けているからといって、それが食べられていなかったということにはならない。間違いなく人々は基本のサラダを食べていたが、いつもながら、葉野菜にドレッシングをかけただけのものは、わざわざレシピを紹介するまでもなかったのである。

弁護士、政治家、美食家で著述家のジャン＝アンテルム・ブリア＝サヴァランが１７４０年に書いているところによると、フランスでは上流階級の10人の集まりのための典型的な食事には、第2のコースの肉料理と一緒にサラダを出していた。ドレッシングは間違いなく油と酢で作ったものだっただろう。

ブリア＝サヴァランは、ロンドンに住む貧乏なフランス人、オービニャック氏の楽しい逸話を伝えている。ある日、ロンドンの居酒屋で食事をとっていると、同じ店で食事中だった若い男性たちがオービニャックに気づき、彼に「サラダを作ってくれないか」と頼んだという。住むところもないフランス人は、必要な材料を告げるとドレッシング作りに取りかかった。その後、彼はすぐにロンドン中の上流階級の豪邸から、サラダドレッシングを作ってほしいと引っ張りだこになったという。

◉アメリカ

サラダはヨーロッパで長い歴史を歩んできたが、その人気が高まり、料理として確固たる地位を築いたのはアメリカでのことだった。葉野菜とドレッシングからなるシンプルな料理や、あれこれ盛りだくさんの野菜料理としてだけではなく、サラダはメインディッシュとしても食べられるようになる。

新大陸でサラダについてよく書かれるようになるのは、南北戦争以後のことだ。独立戦争とのちの南北戦争はアメリカ人の日常を混乱させ、さらに、南部での農業を衰退させた。サラダを食べる習慣が広まらなかったとしても無理はない。それでも、ごく基本的な、手近な食材を使ったプレーンなサラダ――いくらかの葉野菜（多くは家庭菜園で採れたもの）とド

アメリカで考案されたコブサラダ。ベーコン、鶏胸肉、チーズなどを加える。

レッシング――はたしかに存在した。いくつかのレシピは料理本で紹介されもした。アメリカの初期のサラダは居酒屋で出される定番料理のひとつでさえあり、外国からの旅行者たちもそれらについて記録を残した。作家のフランソワ・ラブレーは、ニューヨークではやくも16世紀の後半に、ローストした肉と一緒にサラダが出されていたと記している。

18世紀には、アメリカを旅したブリア＝サヴァランが、ニューヨークの飲食店で目にした食べ物としてサラダにも言及している。「身体的にも道徳的にも武装したわれわれは、古びたコーヒーハウスに行き、そこでわれらが友人を見つけた。夕食はすぐに用意された。大きな牛肉のかたまり、七面鳥のロースト、（プレーンな）ゆでた野菜、サラダ、そして焼き菓子だ」。ブリア＝サヴァランは、このサラダについてはくわしく説明する必要を感じなかったようだが、食事のほかの内容がシンプルなことから考えると、野菜は手近にあるものを使い、おそらくは何らかの生の葉野菜が含まれ、調理した野菜に変化をつけたものだったのだろう。

とはいえ、サラダに使われる野菜は驚くほど種類が多かった。18世紀のペンシルヴェニアの薬剤師で、印刷業も営んでいたドイツ系アメリカ人のクリストファー・ザウアーは、サラダに適したものとして35の植物の名を挙げている。たとえば、キャベツ、エンダイブ、フェンネル、クレソン、ホウレンソウ、チャードド、ラディッシュなどだ（不思議なことにレタス

1947年、ロサンゼルスのデルマール・ホテルでサラダ作りをする映画女優のエスター・ウィリアムズ。

の名前は出てこない)。ハーブもたくさんあり、オレガノ、ローズマリー、サフラン、サマーサボリー、タラゴン、タイムなどが挙げられている。

ザウアーの本『ハーブの治癒力――植物の治癒効果についてのアメリカ初の本 *Herbal Cures: America's First Book of Botanic Healing*』は、薬としての食べ物についてのそれまでの考え方を踏襲し、個々の野菜を説明し推薦するときに、ガレノスの使った用語を取り入れさえしている。たとえば、クレソンはバジルと同様に「熱」と「乾」の性質をもつ、とされた。あるいは、「サラダとして食べるエルダーベリーの芽は、嘔吐と緩下《かんげ》作用によって、黄胆汁、水、粘液を追い払う」とも書いている。

しかし、それからほんの20年もすると、科学者たちは病気と体液には何の関係もないと理解するようになり、体液説にもとづいたアプローチは時代遅れになっていく。ただし、ザウアーにとっては葉野菜の治癒効果は注目すべきことであり、とくにサラダとして食べるときの効果に魅力を感じた。「サラダは治癒効果のある重要な食べ物である。なぜならハーブと葉野菜の多くは、熱を加えると栄養分や医薬効果が完全に失われてしまうからだ」

1796年に『アメリカの料理 *American Cookery*』を書いたアメリア・シモンズは、サラダについてまったくふれていない。キャベツの説明にはコールスローのことしか書いていない。おそらく、葉野菜とドレッシングを合わせたものがおいしいと思ったとしても、そのレシピを載せる必要はないと考えたからだろう。

やがて、アメリカの料理の可能性が広がるにつれ、アメリカのサラダも進化していった。内容が多彩になるだけではなく、いつ、どこで、どんな目的で食べるのかについても変化した。サラダは食事の第1のコースの一品として、サイドディッシュとして、あるいは最後から2番目のコースの一品として出すことができ、それだけで1回の食事にすることもできた。19世紀半ばになると、アメリカの料理本にサラダが登場するようになる。ボストンの主婦N・K・M・リーは、1832年の『料理人が書いた料理本 *The Cook's Own Book*』で、シンプルなグリーンサラダをとてもわかりやすく説明し、ドレッシングについては以前からすすめられてはいたが、あまり広まっていなかった使い方を提案している。それは、サラダ自体にかけるのではなく、サラダボウルの縁からドレッシングを注ぎ込むというものだ。1838年には、メアリー・ランドルフが『ヴァージニアの主婦 *The Virginia Housewife*』のなかで、たくさんの材料を使うもうひとつの伝統のサラダを紹介した（「サルマガンディ」の名前で説明されている）。

そして1840年に、エリザ・レスリーの『料理法 *Directions for Cookery*』に、もっとも初期のチキンサラダのレシピが登場した。細かくきざんだ鶏肉とセロリに、油、酢、堅ゆで卵の卵黄をつぶしたもの、イギリスのマスタードを混ぜたドレッシングというもので、現在の

ポテトサラダにパセリをトッピング。

私たちが見てもチキンサラダとして認識できる内容だ。

1883年には、ニューヨーク州出身のエマ・パイク・ユーイングが『料理マニュアル第3巻 *Cookery Manual No.3*』として、「サラダとサラダ作り」に丸ごと一冊を使った。ただし、この時代までにはサラダの定義が広がり、フルーツサラダ、野菜サラダ、フィッシュサラダ、ミートサラダ、ミックスサラダなどを含むようになっていた。

20世紀はじめになると、サラダの物語はさらに広がりを見せる。シンプルな葉野菜ベースのサラダの人気は続き、レシピも豊富になっていく。それとともに、別の系統のサラダが有名な料理学校でも認められるようになった。メアリー・J・リンカーンは1900年に出した料理本で、過去と未来の両方に目を向け、ゆでた葉野菜を冷ましてドレッシングを添えたもののほかに、「ロブスター、牡蠣、サーモン、それ以外の下ごしらえをすませた魚、卵、鶏肉やほかの肉類と、レタス、クレソン、セロリ、サラダドレッシングを組み合わせたもの」をすすめている。

何冊も料理本を出しているサラ・タイソン・ローラーは、1907年の『ベストレシピ250 *Best 250 Recipes*』で、丸ごと1章をサラダに割いた。その章の最初を飾るのが、レタスサラダだ。彼女が自分の好きなサラダとして紹介しているこのレシピは、レタス、キャベツ、ゆでたビーツの薄切り、セロリシード、塩、コショウ、ミントソース、タマネギのしぼ

世界中で人気のシーザーサラダ

り汁、醤油またはウスターソース、マッシュルーム・ケチャップ、ニンニク、オリーブオイル、ブドウまたはタラゴンのビネガーで作るものだ。

１９１２年には、ローラーは丸ごと一冊をサラダだけに捧げた本、『ディナー、昼食会、夕食、パーティーのための新しいサラダ *New Salads for Dinners, Luncheons, Suppers and Receptions*』を出した（彼女はアイスクリーム、残り物、卵、スープ、サンドイッチをテーマにした本も出している）。レシピの指示はいま読んでもよくわかる。

夕食用サラダは、ちょうどよくゆでた、あるいは生の緑の野菜にフレンチドレッシングを合わせる。ドレッシングは油と酢が4対1か5対1の割合。隠し味としてニンニクかタマネギと、ウスターソースをほんの少量加えると風味が増す。

サラダへのフランス的アプローチと彼女が考えたものに続き、ローラーはサラダにいつドレッシングをかけるか、ドレッシングの材料はどの順番でサラダに加えていくかについてもアドバイスしている。それによれば、まず塩とコショウをふり、次にニンニクをすりつけておいたスプーンから油を注ぎ、サラダを混ぜ合わせてから最後に酢をかける。

ファニー・ファーマーはさらに一歩進め、１８９６年の『ボストン料理学校の料理本 *The*

20世紀に入ると、ロブスターを使うような贅沢なサラダも登場した。

Boston Cooking-school Cook Book』ではシンプルなサラダと手の込んだサラダの両方について書いている。彼女はサラダについての章で、「(サラダは)いまでは数えられないほどの方法で作られる。肉、魚、野菜(それだけでも、ほかの材料と組み合わせても)または果物に、ドレッシングを加える」と書いている。

それからまもなく、伝統的なサラダとはまったく異なる食べ物がサラダとして料理本で紹介されるようになった。フルーツサラダ、パーティーサラダ、デザートサラダ、型に入れて作るサラダ、野菜サラダ、マカロニサラダ、ライスサラダ、ミートサラダ、家禽のサラダ、シーフードサラダなどで、さらに20世紀も後半になると、ツナサラダ、チキンサラダ、シュリンプサラダ、卵とマヨネーズなどのサラダが加わる。

19世紀後半以降、ボストンやフィラデルフィア、ニューヨークの料理学校では家政学が新たに教えられるようになったが、基本的なグリーンサラダについてはほとんど注意を向けていなかった。それらはあまりに無秩序でまとまりがなく、彼らの好みとするにはおいしくも科学的でもなかったからだ。

見た目に美しく整えられていないサラダは魅力に欠けるとみなされた。ローラ・シャピロは啓蒙的な著書『完璧なサラダ *Perfection Salad*』（１９８６年）で、「生の材料を手当たり次第に積み重ねていっただけのサラダは、明らかに上品さに欠ける」と説明している。この本のレシピの多くは葉野菜とそれ以外の材料の両方を使った上品で繊細なサラダであり、たくさんの食材をあれこれ盛り込んだ伝統の寄せ集めサラダとは違っていた。より控えめで、より上品で、ときにはレタスや赤パプリカやトマトに材料を詰めたりもした。ゼラチン寄せにしたようなものもある。

食材の組み合わせと見栄えを強調するのが、この時代の特徴だった。そして、20世紀半ばになると、古代から受け継がれてきた野菜に対する慎重な態度がついに消え去り、サラダはようやくスープやデザートと同じように、日常の食べ物とみなされるようになった。

プレーンなサラダも、もっと凝ったサラダも、どちらも人々に好まれ続けた。たとえば、

ミセス・ビートンの1907年版『家事をうまくこなすための本 Book of Household Management』に掲載された、たくさんのサラダ。

クルミ、セロリ、リンゴ、ブドウ、ヨーグルトを使ったウォルドーフサラダ

葉野菜を混ぜただけの簡単なサラダもあった。おかげで、いまも「ミックスサラダ」はどこにいってもメニューに載っている。レタスだけのサラダもあり（ときにはすりおろしたニンジンやくし形に切ったトマトを飾りつけることもあった）、これらのシンプルなサラダは、サイドディッシュや前菜として出されることが多かった。一方、シェフズサラダのように材料に工夫をこらしたものもあり、こちらはいまでは「複雑な」「贅沢な」サラダというよりは、「メインディッシュ」のサラダとみなされている。ほかにも、ダイエット向きのサラダとしてすすめられる種類のものがある。たとえば、初期のウェイト・ウォッチャーズ［アメリカのダイエット関連企業］の減量プログラムでは、葉野菜を盛った皿に缶詰のツナ

をひとすくいのせたものをすすめていた。
1964年の『家政学のプロのお気に入りレシピ *Favorite Recipes of Home Economics Teachers*』は、葉野菜をすべてのサラダの基本とみなした。著者は「サラダの使い方はサラダの種類と同じくらい数多くある」と書き、次のように続けている。

サラダは食事の副菜として中くらいの量で出されることがもっとも多く、重いというよりは軽いもので……酸味のある果物かシーフードを葉野菜の上に少しのせると味覚を刺激することから、食事の最初の一品としてよく提供される……ボリュームのあるサラダ――肉やシーフードに、生かゆでた野菜を加えたもの――はそれ自体で1回の食事になり、メインディッシュにもなる……甘いサラダはときにはデザートとして供され、特別な日の食事に華を添える。

組み合わせと見栄えの強調は、この時代の特徴だった。いつのまにか、このアプローチが現代のサラダの考え方の基本になっていった。現在のシェフたちは、個々の食材が視覚的にも美食的にも調和を引き出すか、味のコントラストを引き立たせるようなサラダを理想とし、そのために注意深く計算し、考え抜いた料理にする。

いまやサラダは誰にとってもなじみ深い料理だ。サラダをテーマにした料理本が次々と刊行され、料理雑誌でも毎月のように、新しく考案された季節のサラダが得意げに紹介されている。

第4章 ◉ 世界のサラダ

修道院長が庭を案内してくれた……サラダに最適なキャベツがみごとに育ち、ヨーロッパではほとんど見つからないカリフラワーやアーティチョークなどもある。

——J・W・ゲーテ『ゲッツ・フォン・ベルリヒンゲン』より

19世紀後半以降、とくに20世紀と21世紀には、プレーンなサラダと凝ったサラダの両方が、西ヨーロッパとアメリカの夕食の食卓の人気メニューとなっていった。春と夏の季節感が乏しい地域では、耐寒性のある野菜もサラダの材料として受け入れられていく。そして現在では、サラダは世界中の食卓に見られるようになった。一握りの葉野菜に油と酢、あるいはレモン汁をふりかけただけのものもあれば、生の野菜、あるいはゆでてから冷ました野菜を混ぜ、マヨネーズ、ときにはサワークリームなどをベースにした濃厚なドレッシングで食べるものもある。

ヨーロッパでもあまり暖かくない地域では、夏にはサラダに葉野菜を使っても、残りの季節には耐寒性のあるかための野菜を、通常はゆでてから冷まして使うことがある。アジアやアフリカでも、生の葉野菜はなかなか手に入らない地域は多く、そのためあまり関心をもたれてもこなかった。これらの土地では、準備の仕方や提供の仕方にかかわらず、野菜はゆでて使うことが多かった。それでも、サラダ風の料理が作られるようになったのは間違いなく、ときには生のかたい野菜を使い、ときには加熱した野菜を使う。

とはいえ、食事にめりはりをつけたいという気持ちは万国共通であり、室温の野菜料理にドレッシングをかけたものは、その目的にかなっていた。国によっては、その国の食文化に欠かせない食材（中国なら豆腐、日本なら海藻など）が、サラダとして提供される料理にも含まれることがある。さらに、現在のグローバル化された世界では、外国からの訪問者が旅先へも自国の食習慣を持ち込み、サラダを食べたいと思うこともあるだろう。訪問先の国ではサラダは食文化の欠かせない一部ではないかもしれないが、メニューには間違いなく存在し、そのなかには――とくに世界からの旅行者を相手にするホテルのレストランのメニューには――欧米のサラダに似たものもある。もちろん、西ヨーロッパや北アメリカほど種類は豊富ではなく、必ずしも同じメインの食材を使っているわけではない。

◉東ヨーロッパと北ヨーロッパ

東ヨーロッパでは、西ヨーロッパと同じようなサラダを見かけることがある。とくに夏には、レタスに油と酢のドレッシングをかけたものが東ヨーロッパ全域で食べられる。また、一年を通して、ラディッシュ、ビーツ、キュウリ、ルバーブ、ニンジン、角切りにした酢漬けのガーキン［ピクルス用の小さいキュウリ］、マッシュルームなどの地元産の食材、さらには、ディル、マスタードシード、パプリカなどが、イタリアやフランスよりも頻繁にサラダに使われる。いたみやすいレタスよりも、ゆでてから冷ました野菜が多い。寒い季節には、耐寒性のある野菜やゆでた野菜がサラダの材料になる。

東ヨーロッパ、スカンジナビア半島、ロシアの一部では、生の野菜とゆでて冷ました野菜の両方がサラダに使われる。たとえば、キャベツはゆでるか生のままで使い、それに合わせるドレッシングは、もっと暖かい地域で生産されるオリーブオイルではなく、サワークリームで作ることが多い。

東ヨーロッパに隣接するドイツは、ポテトサラダが有名だ。通常は油と酢をドレッシングにするが、薄切りのタマネギや肉のブイヨンを加えることもあり、地域によってバリエーションがある。ポテトサラダにキュウリとディルを加えて風味を増したもの、またキュウリだけ

寒い気候の国々ではビーツを小さな薄切りや角切りにしてサラダに使うことがある。

のサラダも一般的だ。ソーセージをサラダに使うことも多い。ラムズレタス（ヨーロッパ産のサラダ菜）が手に入るときは、グリーンサラダ用として好まれる。

スウェーデンとデンマークでは、スカンジナビア特産のさまざまな材料、たとえばマリネしたキュウリ、ジャガイモ、ビーツ、リンゴ、酢漬けのニシンなどがサラダの材料に使われる。とくに魅力的なのがキュウリのサラダで、マリネ液に漬けた薄切りのキュウリに、塩、砂糖、ディルで風味づけする。ポーランドはとくにサラダで知られているわけではないが、サラダに使う野菜としては、ジャガイモ、ラディッシュ、ビーツ、キュウリ、エンドウマメ、ルバーブ、ニンジンのほか、角切りのガーキン、マッシュルーム、ディル、マスタードシード、パプリカ、タイムなどがある。

ブルガリアのショプスカサラダは20世紀半ばに考案されたもので、夏によく食べられる。トマト、キュウリ、ピーマン（パプリカ）、シレネチーズ（フェタチーズに似ている）、タマネギ、パセリに、ヴィネグレットソース［フレンチドレッシング。基本的なサラダドレッシングで、油と酢、塩・コショウで作る］を混ぜ、すりおろすか角切りにしたチーズをトッピングする。

ショプスカサラダは、マケドニア、セルビア、ボスニア、クロアチアなど、近隣のヨーロッパ諸国でもさまざまなバリエーションで食べられている。フェタチーズを手に入れやすい地

ブルガリアの気候は葉野菜の栽培にはあまり適していないため、耐寒性のある野菜がしばしばサラダに使われる。

域では、それをシレネチーズの代用として使うこともある。また、レタス、ラディッシュ、キュウリ、葉タマネギに、ホワイトビネガーまたはレモン汁と油のドレッシングで作るブルガリア風グリーンサラダもある。

●トルコ

トルコは、西では東南ヨーロッパと、東と南では中東と接することに加え、黒海と地中海にも面しているという地理的な位置づけのため、さまざまな食文化の伝統に親しんでいる。サラダも古くから食べられてきた。トルコのグリーンサラダには通常、ニンジンの千切り、ざく切りのトマト、ときにはキュウリの薄切りと葉タマネギ、さらには地元で一般的なスベリヒユ、タンポポ、ホウレンソウの根、パセリを入れる。酢の代わりにレモン汁を使うか、両方を混ぜて使うことが多い。ほかにもトルコならではのサラダがある。なかでも人気のある「羊飼いのサラダ」は、トマト、キュウリ、タマネギ、パセリ、薄切りトマトに、オリーブオイルとレモン汁を加えたもので、トルコ以外の国にあるトルコレストランでもよく見かける。

さらに、トルコ特有のものとして、グリーンレンティル（緑レンズマメ）とブルグル［デュラム小麦などの小麦を挽き割りにしたもの〕のサラダがある。これは、トマトまたはトマトペースト、葉タマネギ、ピーマンの角切り、クルミのみじん切り、パセリ、レモン、ディル、塩とコショウを加えて作る。温野菜のサラダ（ジャガイモ、ニンジン、エンドウマメ、堅ゆで卵、パセリ、塩とコショウ）は、レモンではなく白ワインビネガーとオリーブオイルをドレッシングにすることもある。

トルコのサラダは、サイドディッシュや好みのメッゼ〔前菜として出される冷菜・温菜の盛り合わせ〕の一部として食べられるというより、それ自体を一皿の料理として、歯ごたえのあるパンと一緒に出されることが多い。どのように供されるにせよ、焼いたり煮込んだりした肉や魚のメインディッシュと組み合わせると、こうしたサラダはよいコントラストになる。

グリーンサラダより盛りだくさんで、それでもサラダと呼ばれる料理がたくさんあり、ゆでたジャガイモ、白インゲンマメまたはナスのような食べごたえのある材料をメインに使う。たとえば白インゲンマメのサラダは、ゆでたマメに、パセリ、トマト、タマネギ、パプリカ、オリーブオイル、レモン汁、ときには堅ゆで卵を加える。グリーンレンティルとブルグルのサラダは昼食に出されることが多く、粗くきざんだクルミ、葉タマネギ、ピーマン、トマト、バジル、コショウ、レモン、パセリ、ディルなどで作る。夏には、フレッシュフルーツのサラダも夕食の一品としてよく出される。

トルコの名物、ケバブとサラダ。

◉スペイン

スペインほど多様な食文化の影響を受けている国は少ない。古代ローマ、アラブ、イスラム、ユダヤ文化……それぞれに食習慣、禁制、好まれる穀物や動物があり、そのすべてが現在のスペイン料理とみなされているものに影響を与えた。新大陸の野菜——トウモロコシ、ジャガイモ、トマト、カボチャ、アボカドなど——がヨーロッパに最初に持ち込まれたのもスペインであり、それらの野菜はこの国の料理の一部となって、ますます食文化を豊かにした。

しかし、こうした古くからの伝統を受け継いで応用してきたものも含め、典型的なスペイン料理は熱を加えたものが一般的だ。サラダは歴史だけではなく気候と風土、そしてもちろん、サラダの作り手が目指す方向性に左右される。現在のスペインは、欧米諸国のなかでもとくに創作的な料理が生み出されることで知られ、サラダについても、この国の食の遺産を受け継ぐとともに、料理のスターとしての現在の地位を表す新たなレシピが考案されている。

アーニャ・フォン・ブレムゼンの『新しいスペインの食卓 *The New Spanish Table*』（２００５年）は、その両方の特徴が表れた次のようなサラダの例を挙げている。ポテトサラダ（スイートオニオン、長くて薄い皮つきのイタリアのフライングペッパー、トマト、エクストラバージン・オリーブオイル、熟成したシェリービネガー）、アンダルシア産のコメ、エビ、ソラ

サラダに食用の花を加えて見た目も優雅に

マメのサラダ、フリゼサラダ（パンチェッタ、ナシ、ハチミツ、オリーブオイル、赤ワインビネガー）、メスクランサラダ（イチジク、カブラレスチーズ、ハチミツ、オレンジジュース、エシャロット、オリーブオイル、赤ワインビネガー）。

クラウディア・ローデンの『スペイン料理 *The Food of Spain*』（2011年）には、やわらかくなるまでゆでたさまざまな野菜に、オリーブオイル、白ワインビネガーまたはレモン汁、パセリのみじん切り、トマト、堅ゆで卵をトッピングしたサラダ、焼いた赤パプリカとトマトにオリーブオイルとニンニクのみじん切りを合わせたサラダ、焼き野菜のサラダ2種――ひとつはトマトとオリーブ、卵、ツナのもの、もうひとつは赤パプリカ、小さな皮つきの赤タマネギまたは白タマネギ、オリーブオイル、レモン汁、クミン、黒オリーブを合わせたもの――が載っている。

そして、料理人ホセ・アンドレスの『タパス *Tapas*』（2005年）には、ブラッドオレンジとヤギのチーズにアーモンドとニンニクを加えたフリゼサラダ、トマト、ピーマン、キュウリとツナのサラダ、バレンシアオレンジとザクロにオリーブオイルとシェリービネガーのドレッシングのサラダなどが紹介されている。

◉ロシア

ロシアでは、サラダ好きの日は長い夏がなくても栽培できる野菜へと向くことになる。たとえばビーツのマリネは、サラダとして出すことができる。千切りにした赤キャベツのマリネや、キュウリと葉タマネギ、ディル、あるいはニンジンとリンゴを組み合わせたサラダもある。サラダにナスを使うときには、小さめに切って、タマネギ、パセリ、ニンニク、レモン汁、オリーブオイルを加えて食べることが多い。ザウアークラウト（塩漬け醗酵キャベツ）でさえ、水気をしぼればサラダに変わる。

トマトとキュウリが手に入るときにはこれもサラダになり、ときにはサワークリームを、ときにはオリーブオイルと酢をドレッシングにする。レタスもサラダにすることがあり、サワークリームのドレッシングまたはオリーブオイルと酢をかけて食べる。おそらくロシアの貴族のもとで働いていたフランス人の料理人が持ち込んだものだろう。

◉アジア

中国の料理に西洋風のサラダを見かけることはない。中華料理の香味づけ、スパイス、調

ロシアの田舎の別荘では、家の近くの菜園でサラダ用の葉野菜がよく栽培される。これはウドムルト共和国のイジェフスク地域のもの。

理法は、自己主張の強いシャキシャキした生の野菜とドレッシングとは相性が悪い。「中国人はめったに生の野菜を食べず、サラダを食べる伝統もない」と、グロリア・ブレイ・ミラーが『中国料理のレシピ1000点 *The Thousand Recipe Chinese Cookbook*』（1966年）のなかで書いている。そして、野菜がドレッシングとともに——サラダスタイルで——出されるときには、生よりは湯通しすることが多く、それによって野菜の味がドレッシング以上とはいわないまでも同じくらい強調される（西洋風の油と酢のドレッシングは主張が強く、野菜自体の味をぼかしたり隠したりする傾向がある）。

湯通しした、あるいはゆでて冷ました野菜に使われるドレッシングは、醤油、酢、塩、大豆油またはゴマ油、ときにはすりおろしたショウガなどをさまざまに組み合わせて作る。マヨネーズの中華バージョンもある。卵、ケチャップ、ときにはマスタードも加えたドレッシングである。これらのドレッシングは野菜にかけてから、数分冷やして出すことが多い。食べる直前にドレッシングをかける西洋のサラダとは対照的だ。

日本では、海藻、キュウリ、ダイコン、水菜、サツマイモなど、多くの伝統的な食材がいまもサラダに使われている。ドレッシングにはゴマ油と米酢を使うことも多く、みそ、醤油、マヨネーズ、レモン（とくに魚のサラダの場合）、ショウガもよくサラダドレッシングに使われる。ドレッシングは風味を豊かにするために、かける前に混ぜ合わせておくことが多い。

アジアのサラダは、日本の海藻など、その国特有の緑の食材がよく使われる。

さわやかな日本のサラダの例としては、海藻とキュウリに米酢、砂糖、塩のドレッシング［三杯酢］、春雨とキュウリに醤油、米酢、ゴマ油、砂糖、塩を混ぜたドレッシング、ダイコンとワカメ、水菜、カイワレ大根のサラダに、醤油、酢、ゴマ油、砂糖のドレッシング、エビとキュウリのサラダ、海藻とキュウリのサラダなどがある。

日本の美術様式全般と同じように、日本のサラダは見た目がとても美しい。たとえば、辻静雄の『日本料理 *Japanese Cooking: A Simple Art*』（１９８０年）には、優雅でほどよく酸味をきかせた白いサラダが紹介されている。材料には出汁《だし》で煮たシイタケ、醤油、みりん、鶏ささみ、マリネしたキュウリ、ニンジンの薄切り、コンニャク、塩、砂糖、醤油、そして、白いドレッシング用に押しつぶした豆腐、ゴマペーストあるいはゴマ、砂糖、醤油、米酢、みりんを使う。

◉インド

広大な面積をもつインドは、国内でも気候と地理的条件が地域によって異なり、カーストの身分制度にもとづく文化の違いもある。インドは多くの食の伝統と味が受け継がれている国だ。１８５８年から１９４７年まではイギリスの支配下にあったため、食習慣にもその影響が残っている。インドでは、サラダはどうしても必要というわけではない食材を買う余裕がある家族が食べるおまけの一品であり、一般的には食事のときにほかの食べ物と一緒にテーブルに並べられた。

とはいえ、インドのどの地域でも、室温で食べる料理は温かい料理とコントラストをなすものとして魅力がある。女優でフードライターでもあるデリー育ちのマドハール・ジャフリーは、すりおろしたニンジンにスパイス、マスタードオイル、ハーブ、塩、レモン汁、ときには青トウガラシ、カットしたインゲンマメ、ココナッツあるいはリョクトウ（緑豆）を加えた生野菜を食べたことをなつかしく思い出している。すりおろすかみじん切りにできるビーツなどのほかの野菜も、同じように調理した。「いつもそんな料理がテーブルに並んでいた」と彼女は書いている。「手を洗ったら、飛びつくように指でひとつまみずつとって、もりもり食べる。ほかの料理とはまったく異なる食感で、スパイスがきいていてビタミンも豊富。おいしくて、味わい深くて、体が必要としているものを与えてくれる」

インドのサラダの伝統は地域によってさまざまで、材料の組み合わせによって、あるいは同じような材料を使っていても、その地域で話される言語によって名前が変わる。当然ながら、その土地でどんな野菜が育つかによって材料も変わる。サラダによく使われる材料は、すりおろしたキュウリ、ニンジン、ピーマン、トマト、ココナッツ、油と酢またはライム汁、

インドのキュウリとピーナッツのサラダ

マスタードシードで、南インドではタマリンドとプランテン（料理用バナナ）も使う。

野菜のピクルスも温かい食べ物とのコントラストをつけるために食事に出されることがある。レンズマメもサラダの一部になり、多いのはニンジン、クミンシード、削りおろしたコナッツ、コリアンダーと合わせ、レモン汁、ショウガ、砂糖、塩、コショウを加えたサラダなどだ。生のタマネギの薄切りでさえサラダになり、レモン汁、コリアンダー、スパイスミックスのチャートマサラをドレッシングにする。

季節のフルーツのサラダも人気で、ヨーグルトとコメを加えることもある。ヨーグルト、とくにライタと呼ばれるさまざまに風味づけしたヨーグルトは、多くの料理のベースとして——ドレッシングとしてではなく——使われる。たとえば、きざむか千切りにした野菜、ゆでたマメ類またはフルーツを加えて、室温の料理として温かい料理に添える。南インドでライタベースのサラダに使われるおもな材料には、オクラ、トマト、ビーツ、タマリンドなどがある。南インドの一部地域では、サゴ［サゴヤシからとったデンプン］もサラダに使われる。

この種の料理に使われる典型的な材料は西洋のサラダにも使われ、その結果、タンドーリチキンサラダ、レンズマメのサラダ、カレー風味のサラダドレッシング、クミンまたはタマリンド風味のヴィネグレットソースなどが生まれた。

◉ラテンアメリカ

ラテンアメリカのサラダの主役となるのは、この地域に育つ豊富なトロピカルフルーツと野菜で、地元の料理人たちが作る料理にも家庭料理にも取り入れられている。ヒカマ［メキシコ原産のマメ科の植物で、日本ではクズイモとも呼ばれる］、マンゴー、アボカド、ルッコラ、ウチワサボテン、トウモロコシ、コリアンダー、ハート・オブ・パーム（ヤシの新芽）、さらにはサボテンの葉までサラダに使われる。キヌアや、コロンビア、アルゼンチン、チリ産のマメやジャガイモも同様だ。

人気の組み合わせには、ヒカマにキュウリとライムを合わせたもの、ウチワサボテンにオレンジとミント、クレソンとハート・オブ・パームにチェリートマト、スイスチャード（フダンソウ）にカラシ菜などがあり、アボカドには何でもよく合う。これらのサラダのためのヴィネグレットソースにも、しばしば熱帯産の材料が使われる。ライム汁、ザクロの糖蜜、ときには地元産のハチミツなどだ。

南米の多くの国にはサイドディッシュとして出されるクリオラサラダがある。アルゼンチンのクリオラサラダは、レタス、タマネギ、トマトに、チミチョリソース（チリソース）を使うことが多い。ペルーでは赤タマネギと黄パプリカを使う。マメ類やほかの色鮮やかな赤、白、黒、緑の野菜が、南米のサラダの多くで重要な役割を果たす。キューバのヒヨコマメ、ペルーのソラマメは、ソルテリートの材料になる。これはマメを中心にトウモロコシ、ときにはジャガイモやトウガラシを加えたサラダだ。

マメ、トウモロコシ、トウガラシはいくつかのメキシコのサラダにも使われる。アボカドやヒカマ、サボテンも同じで、サボテンは缶入りのものも売っているが、水気を切って、冷たい水で洗ってからサラダに使う。メキシコのサラダドレッシングは、レモンや酢ではなくライムで酸味を加えることがよくある。メキシコではフルーツサラダも人気で、これを通りで売っている町もあり、よく客の目の前で作られている。材料は季節によって異なり、バナナ、リンゴ、イチゴ、レーズン、ココナッツまたはオレンジなどを使い、ヒマカやキュウリ、コンデンスミルク、ヨーグルトまたはライム汁を加え、仕上げにチリパウダーをふりかけるという食べ方もある。

最後にグアカモレについて一言。これは厳密にはサラダではないが、サラダと同じような材料を使い、メインディッシュとのコントラストという役割も同じだ。いくつか種類があり、その違いは微妙なものだが、ダイアナ・ケネディの『メキシコ料理 *The Art of Mexican Cooking*』（１９８９年）で紹介されているレシピは、アボカド、きざんだ白タマネギ、きざんだトマト、シラノトウガラシを材料に使い、さらに白タマネギ、トマト、コリアンダーをトッピングし

チキンタコサラダ

ている。

アメリカ49番目の州ハワイのサラダは、北アメリカよりもラテンアメリカとの共通点のほうが多い。ハワイは地元産の食材が豊富で、魚、パパイヤやマンゴーなどのトロピカルフルーツがサラダの主役になる。ハワイの食文化の多彩さはサラダドレッシングにもはっきり表れていて、醤油、日本の酢、ゴマ油、みりん、マヨネーズを使うことがある。フルーツサラダには、パパイヤのようなトロピカルフルーツのほか、リンゴやナシなどの温帯に育つフルーツも使われる。

第5章◉進化するサラダドレッシング

おいしいサラダの秘密は、多めの塩とたっぷりの油、そして少量のビネガーだ。
――ジャコモ・カステルヴェトロ（１６１４年）

◉基本のドレッシング

サラダには何百年も前から――おそらくは古代ローマの時代から――塩、油、酢のドレッシングが使われてきた。その伝統は何世紀も続いた。国外追放されてイギリスへやってきたイタリア人のジャコモ・カステルヴェトロに話を戻せば、彼は故郷の果物とハーブ、野菜をなつかしく思うあまり、それらについて本を書いた。そのなかの「サラダの秘密の法則」と名づけた部分で、サラダに使うべきドレッシングをくわしく説明している。「サラダには塩を多めに使い、たっぷりの油をかける。最後にビネガーをほんの少量加える」

カステルヴェトロの時代までには、塩、油、酢のドレッシングは、西ヨーロッパ全体で主流となっていた。たとえば同時期のイギリスでは、ジョン・ミュレルの『新しい料理の本 *A New Books of Cookery*』で、ゆでた野菜のサラダに、油と酢、あるいはバターと酢というドレッシングがすすめられている。それから10年ほどあとのイタリアでは、大のサラダ好きのサルヴァトーレ・マッソニオがこう書いている。「サラダの一般的な風味づけは、酢、油、塩であり……サラダをドレッシングなしで食べる者は……その名前の意味を見失っている」

そしてフランスでも同じ頃、ラブレーの小説の主人公ガルガンチュアがグリーンサラダに油、酢、塩のドレッシングをかけて楽しんだ。この組み合わせのドレッシングは数百年にわたって使われ続ける。おそらく古い時代のものとまったく同じ味というわけではなく、現代のドレッシングとも違うものかもしれないが、似たようなものではあっただろう。

現在でも、油と酢の基本のドレッシングはサラダを食べる多くの人に好まれ、作るのもむずかしくはないが、消費者の多くはもっと豊富な選択肢を求めている。食品業界はそうした需要に応えるため、世界中からさまざまな特徴をもつオリーブオイルを集めてはフレーバーの異なる瓶入りドレッシングを次から次へと市場に送り出してきた。たいていのスーパーマーケットには、ブルーチーズ風味、クリーミーなフレンチドレッシング、ハニーマスタード、その他多くの種類のドレッシングが並んでいる。

エレガントなガラスの調味料入れ。フランス製、1763 ～ 64年。

このように選択肢が豊かになったことで、素朴な塩の重要性は忘れられがちだ。塩はもっとも初期のサラダ風の食べ物に使われたドレッシングだった。苦味のある自然の植物をサラダとして食べていた頃には、塩を使うと口あたりがよくなったことだろう。塩を加えることがさらなるフレーバーの実験を刺激したのだろうか？　おそらくそうだろう。なぜならガレノスの時代にはすでに、魚醬のガルムなどの塩気の強い調味料、酢などの酸味のあるもの、そしてオリーブオイルの組み合わせが基本のドレッシングになっていたからだ（ガレノスのキャベツについての項目には、ゆでたキャベツにオリーブオイルと魚醬を加える食べ方が紹介されているが、その代わりに塩を使っても違いはないと述べている）。

とはいえ、中世の後期には、その塩味の強いソースに代わって、塩、油、酢のドレッシングが使われるようになり、それが数百年にわたってドレッシングの基本となっていく。当時のドレッシングはおそらく現在のヴィネグレットソースとまったく同じではないだろうが、よく似た味だったと思われる。

◉アメリカでのドレッシングの進化

やがて、ほかのタイプのドレッシングも考案され、19世紀にはさまざまな種類のドレッシ

1942年、日曜の夕食のサラダ用に緑の野菜を採る女性。フロリダ州エスカンビア・ファームズ。

ングのレシピが家庭向けの料理本に掲載されるようになった。
アメリカでも、サラダとドレッシングはおおいに進化した。エマ・パイク・ユーイングは1884年の『サラダとサラダ作り *Salad and Salad Making*』のなかで、サラダを種類別に分け、それぞれに適した4種類のドレッシングを紹介している。透き通ったドレッシング（一般にはフルーツサラダ用の甘味か酸味のあるもので、人気はあったがグリーンサラダにはまったく合わなかった）、フレンチドレッシング（油、酢、塩・コショウ、ときにはマスタード）、クリームドレッシング（小麦粉、バター、香味料を混ぜて温めたクリームで、甘味があるかピリッと辛口のもの、あるいはサワークリームやホットクリーム）、そして、マヨネーズベースのドレッシングである。

ユーイングは、ドレッシングをかけすぎないように注意をうながしている。「ドレッシングは塩でも砂糖でも酢でも、あるいはたくさんの材料を混ぜたものでも、サラダの主役として目立たせるべきではない。ドレッシングはあくまでもドレッシングで脇役なのだから。サラダ自体の酸味や苦味が強すぎるときにそれをやわらげ、果物や野菜など、サラダに入れる材料の特有の性質をやわらげたり引き出したりするのがドレッシングの役割である」

それでも、油、酢、塩のドレッシングも人気を保ち続けた。「オリーブオイル3に対して酢を1、それにひとつまみの塩とコショウを加えたものが、フレンチドレッシングの基本

クリーミータイプのドレッシングも、古くからサラダに使われている。

になる。これが標準のドレッシングである」。ヘンリー・ケグラーは1921年の『大ホテルの豪華サラダ *Fancy Salads of the Big Hotels*』のなかでそう書いている。「ほかのすべてのドレッシングは、フレンチドレッシングにマスタード、スパイス、ハーブ、パプリカなど、ほかの材料を混ぜて作ったものだ」

◉マヨネーズがサラダを変えた

同じ頃、アメリカに新たな食材——市販のマヨネーズ——が登場し、サラダドレッシング作りに変革をもたらした。ニューヨークでデリを経営していたリチャード・ヘルマンは、その可能性に真っ先に目をつけたひとりだった。

1912年、ヘルマンはマンハッタンの自分のデリで、自家製のマヨネーズを小規模で販売しはじめた。最初は1ガロン（約3・8リットル）の陶製の容器入り、その後はもっと小さいもの、そして、製品への需要がさらに増えると瓶入りのものを売り出し、それを3本の青いリボンを描いたラベルで飾った。ついにはマヨネーズの需要があまりに大きくなったため、ヘルマンはデリを閉めて、マヨネーズ製造業に専念することに決める。マンハッタンのダウンタウンに最初の工場を造り、その後ロングアイランドにも製造工場を造った。その後は、マンハッタン以外の地域でも市販のマヨネーズの流通と工場設立が続き、シカゴにはＩ９Ｉ９年、サンフランシスコにもＩ９２２年に工場ができた。ほかの大小の製造業者もこの流れに飛びついた。消費者はスプーンですくえるドレッシングを好んだ。また、クラフト社が販売をはじめた注ぐタイプのドレッシングも人気が出た。クラフト社はＩ９２５年にまずフレンチドレッシングを販売し、Ｉ９３３年にはクラフト・ミラクルホイップが登場した。

それ以前から、サラダを自家製のマヨネーズで食べることはあったが、商品化されたことでずっと身近で便利なドレッシングになり、その流れが当時のアメリカの料理本にも反映さ

1912年から販売されているヘルマンのマヨネーズ

ヘルマンのマヨネーズの広告

れた。

1931年版のイルマ・S・ロンバウアーの『料理の楽しみ *Joy of Cooking*』では、サラダのセクションのレシピは、レタスのほか、葉野菜やほかの野菜で作る基本的といってよいサラダからはじまっているが、すぐに新しいタイプのサラダのページへと進み、マヨネーズを使うポテトサラダ、マヨネーズかフレンチドレッシングで和えるキュウリとパイナップルのサラダ、メロンとカッテージチーズに好みでマヨネーズを加えるサラダ、キュウリとパイナップルのサラダにマヨネーズかフレンチドレッシングを合わせるサラダが紹介されている。

市販のマヨネーズの発達によって、サラダはプレーンか凝っているかの二者択一ではなくなった。新しいタイプの料理として人気が出たのは1種類の材料にマヨネーズを加えただけのもので、このタイプのサラダの仲間が増えていった。鶏肉とヴィネグレット風ドレッシングで作るサラダは19世紀のアメリカにも存在していたが、市販のマヨネーズがその可能性を広げ、変革をもたらした。

その結果、サラダとして知られてはいるが、葉野菜を使わない料理が誕生した。これらのサラダの仲間は、タンパク質の食材（堅ゆで卵、エビ、あるいは贅沢にその両方、缶詰のツナ）や、デンプン質の食材（ジャガイモ、マカロニ）、あるいは野菜（サヤインゲン、キュウリ）にマヨネーズを合わせる。これにきざんだセロリを少々加えると――19世紀のチキン

バグビー＆ブラウネルのサラダドレッシングの広告カード。1870 ～ 1900年。

サラダの名残——シャキッとした歯ごたえが加わった。これらのサラダは——プレーンであれ贅沢であれ——どれも伝統的なサラダではない。しかし、そんなことはもうどうでもよくなっていた。そして、この新しい形のサラダを象徴するのがドレッシングだった。

◉「何でもあり」の時代

ほどなくして、マヨネーズベースの市販のドレッシングには、ロシアンドレッシングやサウザンド・アイランド（ピクルスの風味とケチャップ）、グリーン・ゴッデス（サワークリーム、チャイブ、タラゴン、レモン汁、ときにはチャービルとアンチョビ）、ランチ（バターミルク、塩、ニンニクと、チャイブ、パセリ、ディルなどのハーブ。クリームまたはヨーグルトを使うこともある）などの、さまざまなフレーバーの（甘味の強い）ドレッシングが加わった。そして、油と酢の基本のドレッシングにも、スタイルと風味にエスニックの要素が加わり、チリパウダー、ハニーマスタード、日本酒とゴマ、ヴィーガン（完全菜食主義者）向け食材や大豆など、さまざまな材料を使ったドレッシングが次々と考案され、消費者は夢中になって購入した。

家庭によっては、こうした瓶入りのドレッシングを好み、油と酢をまったく使わないこと

ハーブ、アンチョビ、サワークリームを組み合わせると、マヨネーズがグリーンゴッデス・ドレッシングに変わる。

もある。家庭の主婦やレストランのシェフの多くは、少なくとももっと伝統的なドレッシングをベースにするのが普通だが、彼らはしだいに少数派になっているのかもしれない。塩、油、酢ではじまったシンプルなドレッシングは、もっと甘く、あるいは塩味が強い、高カロリーのさまざまなブランドのドレッシングへと姿を変え、店舗の棚を埋めつくしている。

現在のサラダドレッシングは「何でもあり」の様相を呈している。食をテーマにした専門テレビ局フード・ネットワークは、家庭で料理を作る人たちに「平日の夜のサラダを一変させる」試みに取り組ませようと、50種類ものサラダドレッシングを紹介している。そのなかには古典的なヴィネグレットソース、ビストロベーコン、地中海風、ディジョン、クリーミーなイタリアンドレッシングなど標準的といえるものもあれば、メープルシロップとクルミ、チョコレートとバルサミコ、さらにはラズベリーを使う驚きのものもある。

大人気の料理雑誌『クッキング・ライト・マガジン』でも、伝統的なヴィネグレットソースのレシピのほかに、4種類のハーブのグリーン・ゴッデスや、チリとニンニク、クランベリー・ヴィネグレット、クリーミー・シーザー、ブルーチーズ、ハーブを加えたレモン・バターミルク、ショウガとゴマ、クルミオイル、オレンジとフェンネル、コリアンダーとチリ、グレープフルーツとポピーシードのドレッシングなどが紹介されている。

これでもまた、サラダドレッシングの入門編にすぎないのだが……。

第6章◉サラダの現在形

あなたはサラダをどのように作るだろう？　そこには最新の科学が入り込む余地はない。ただシャキッとした新鮮な葉野菜を手に入れ、それ以外の選び抜かれた食材をいくつか加え、風味豊かなドレッシングをかける。それだけだ。

――クリス・シェレシンジャーとジョン・ウィロービー『あなたのキッチンにレタスを *Lettuce in Your Kitchen*』

◉サラダ黄金時代

古代の特権階級がレタスの葉を魚醤につけて食べた時代から、サラダは長い道のりを歩んできた。主流の料理として認められるまでは長い時間がかかったが、現在ではその人気はゆるぎないものとなっている。ほとんどのレストランやカフェのメニューには何種類ものサラダがあり、標準的な料理本ならたいていはサラダのページがある。

かつては生の野菜に対する慎重な考え方が何世紀も支配していたが、いまではビタミン、抗酸化物質、繊維の豊富な健康的な食べ物として高く評価されるようになった。サラダを食べることは立派な食習慣とみなされ、また、「サラダだけ食べる」と言えば、もっとカロリーの高いサンドイッチや本格的な食事メニューの代わりに、サラダだけで食事をすませることを意味する（もっとも、サラダがいつも低カロリーとはかぎらない）。さまざまな食材（野菜も野菜以外も）を使ったサラダとドレッシングを専門にするテイクアウトチェーンもある。

それと同時に、菜食主義や完全菜食主義への関心が高まり、サラダバーやレストランのサラダメニューがますます充実してきた。これはアメリカやイギリスだけの現象ではない。多くのヨーロッパの都市――パリ、ローマ、ベルリン、コペンハーゲン、ウィーン、さらにはグダニスクでさえ――でも、「グリーン・イズ・ベター」（パリ）、「サラデット・ウント・フロインデ」（ベルリン）、「スイートリーフ・コミュニティ・カフェ」（ウィーン）など、サラダを連想させる店名を目にすることがめずらしくない。

アジアやアフリカでは、サラダはもう少し最近になってから登場した食べ物だが、そうした地域でも、西洋のサラダの概念が伝わり、その地域の食習慣と融合して新たな形をとるか、ときには西洋のサラダを応用した料理が生まれた。ホテルのレストランのように外国人客が

スペインのマヨルカ島の市場に並ぶ野菜と果物

集まる店のメニューには、西洋風のサラダが含まれることが多い。そして、世界中のシェフがサラダを土台にしたさまざまな創作料理を生み出している。

とはいうものの、サラダが食べられるすべての地域で、緑の葉野菜（通常は新鮮な生のものだが、ゆでたあとに冷ましたものも使う）と風味豊かなドレッシングがサラダの基本であることはいまも変わらない。ファーマーズ・マーケットが増えるにつれ――２０１４年にはイギリスでおよそ５５０、アメリカでは８２６８（１９９４年には１７５５だった）を数えた――、また、商品としてきれいに規格が整ったレタスやサラダなどとは違う、さまざまな野菜が容易に入手できるようになってきたことで、おいしいサラダを作ることは以前より簡単になっている。

材料に使われる食材にはもちろん、トマト、タマネギ、ホウレンソウ、クレソン、パセリ、ミント、葉タマネギ、チャイブ、ニンジンなど、イギリスでもアメリカでも以前から手に入りやすかったものがある。そしてほかにも多くの材料、たとえばパプリカ、アボカド、ルッコラ、エンダイブ、各種のスプラウトやクレス、フェンネル、チャード、そして、季節ごとの食用花、生のタイム、タラゴン、バジル、オレガノなども、いまでは身近な食材になった。かつてはめずらしい野菜とみなされていたベビーアーティチョークやルッコラなども、食料品店の棚に見かけることがめずらしくなくなり、アジアやアフリカの葉野菜も多くの専門マー

エドゥアール・ヴュイヤール『緑のサラダのある静物』（1887 ～ 88年頃）

ケットで手に入る。

時間に追われて忙しい人たち、あるいは材料を用意するのが面倒だと感じる人たち向けには、アメリカやイギリス、ヨーロッパ全域、さらには日本でも、すぐに食べられる袋入りの野菜が売っていて、さまざまなサラダに使うことができる。

アメリカン、イタリアンブレンド、スプリングミックス、ベビーリーフ、マーシュ、ロメインレタス、ラディッキオ、ルッコラ、コールスロースタイルの千切り野菜、アジアの緑の野菜など、種類も豊富なこれらの製品のおかげで、消費者は自分好みのサラダにアレンジすることができ、季節はずれの葉野菜でさえ手に入る（この状況は便利ではあるものの、必ずしもよいことばかりではない。近年では商業栽培された袋入りの洗った葉野菜は、ときおりリステリア菌、サルモネラ菌などを原因とする食中毒を発生させ、全国的な商品回収の騒ぎを引き起こすこともある）。

陶器や瓶入りのサラダドレッシングは、オーガニックで低カロリーの各種フレーバーのものを含め、サラダと同じくらい種類が豊富で、変化に富み、ワインと同じくらい細かく分類されている。また、オリーブオイルと酢の種類も増えて、普通のスーパーマーケットでさえたくさんの商品が並んでいる。

サラダの歴史のはじまりから、その基本の野菜としての地位を守ってきたレタスも種類が

ブルグル（挽き割り小麦）とパセリを使った現代的なサラダ

増え、商業栽培している国はアメリカ、イタリア、フランスなどサラダの歴史の長い国だけでなく、日本、中国、タイ、インドにも広がっている。

レストランでは前菜として出されることが多いサラダだが、家庭ではメイン料理、締めの料理、または最後から2番目の料理になることもある。人気の料理雑誌はサラダの特集を組むことが多くなり、肉やチーズをメインの材料にした、立派な食事になるようなさまざまなサラダ料理を紹介している。そして、サラダ関連のキッチン用品——サラダボウル、サラダサーバー、サラダの水切り器、サラダ用フォーク、サラダ皿——がさまざまな価格で、また人気の結婚祝い用ギフトとして売られている。

最近では、サラダのさらなる発展を後押しする専門家の団体さえ設立されている。たとえば、イギリスにはイギリス葉物野菜サラダ協会（British Leafy Salad Association）、アメリカにはドレッシングとソース協会（Association for Dressings and Sauces）がある。後者はサラダドレッシング、ディップ、マスタード、マヨネーズ、サルサの製造業者の国際的な団体だ。

クルディテ（crudité）は厳密にはサラダではないが、かなり近い親戚であることは間違いなく、サラダと同じように人気がある。これは、適当な大きさに切るか形をそろえた生の野菜に、油と酢のドレッシングをかけるか添えて出す料理だが、野菜は必ずしも葉野菜とはかぎらない。また、材料を混ぜ合わせることはなく、サラダフォークをつけて出されることも

サラダボウル——マヨネーズの広告

小さなグラスに入れたミックスベジタブル

ない。

クルディテは、フランスや他国のフレンチレストランで、前菜としてサラダの代わりに出されることが多い。クルディテを盛った大皿は美しく、個人の家やケータリングの食事では、食欲を誘う光景になる（クルディテのレシピの歴史は知られていないが、プレーンなグリーンサラダと同じように、プロの料理人が作るのでも家庭で作るのでも、カットするか形を整えた生の野菜にドレッシングをかけるだけなので、レシピは必要としなかっただろう）。

●サラダとダイエット

サラダがこれほど長く人気の衰えない料理になったきっかけは、20世紀になって新たな認識が広まったためと考えられる。野菜は体に悪いと信じていた古代人が聞いたら驚くに違いないが、サラダは健康的な食べ物とみなされるようになったのだ。賢く食べれば、サラダはバランスの取れた食生活を送るためのすぐれた料理になる。

２００６年、ルイジアナ州立大学公衆衛生学部が成人数千人を対象に、サラダと生野菜の消費、その栄養効果についての調査を実施した。その結果、サラダを食べる人は血液中のビタミンＣとビタミンＥ、ほかのいくつかの栄養素の含有量が大きいこと、また、サラダ

鶏のレバーはグリーンサラダに鉄分を加える。

を食べるとアメリカ政府がすすめるビタミンCの摂取量を満たす助けになるだけでなく、国民全体の栄養状態を改善するための効果的な戦略になることがわかった。

サラダは20世紀と21世紀に特有の強迫観念、つまりダイエットに励む人たちにとっても不可欠な食べ物になった。スリムな体型向けのファッションが流行して以来、完璧とはいえない体型の人たちは食事を制限し、その結果としてしじゅう空腹感を覚えるようになった。サラダはそのボリュームのため、おおむね空腹をやわらげることができる。減量スパで実施されているように、サラダが食事の最初に出されると、ダイエットをしている人たちが望む満足感が得られる。食事の最後に出されるサラダは、ダイエット中の人たちに、おまけをもらえたような、あるいはデザートを出してもらったようなよろこびを与える。

サラダはまた、軽くて新鮮で栄養豊富な低カロリーの食事になる。もちろん、ドレッシングをかけすぎたり、チーズやベーコン、クルトンのような高カロリーの食材を加えなければ、ということだ（20世紀末以降、レストランでこの警戒すべきサラダの高カロリー化を避けるひとつの方法として、「ドレッシングを別に」もってきてもらうことが一般的になった。サラダが脂肪分や糖分のたっぷり入ったドレッシングまみれになるのを避けたい食事客は、給仕スタッフにそう頼む）。

●増え続けるサラダのレシピ

高カロリーのドレッシング抜きのサラダはヘルシーな料理としての価値を認められ、その新鮮な味わいと食材の多彩さが、シェフや料理本の著者を刺激し、ありとあらゆる種類のサラダが載った料理本が生まれた。

このどんどん豊かになる料理本のカテゴリーは、数枚のレタスの葉とトマトの薄切り——20世紀半ばにサイドディッシュとしてのサラダの基本的な需要を満たしていたサラダ——か

1986年、イリノイ州のシャウムバーグ高校で昼食用のサラダを作る栄養士。

ら大きく発達した。栄養が豊富であることを強調するレシピもあれば、創造性、風味、見栄えを強調するレシピもある。ふだん食べるサラダ、つけ合わせのサラダ、メインディッシュのサラダ、1年365日分の毎日異なるサラダ、正統派のサラダ、短期間で体重を減らすためのサラダ、グルテンフリーのサラダ、ウェイト・ウォッチャーズやアトキンス式ダイエットをしている人たちのサラダなど、じつにさまざまな料理本がある。

さらには、いわゆるサラダ・ダイエットの本もある。これは、たっぷりの野菜を使ったボリュームのあるサラダが、カロリー計算をしている人たちにとって魅力のある食べ物になることに目をつけたものだ。また、サラダドレッシングの本や、レタスを含まないサラダを集めた本もある。

●サラダバーとサラダ専門店

消費者のサラダへの需要の高まりが、レストランやカフェテリアの「サラダバー」のサービスにつながった。ファストフード店でも大きな成功をおさめている。サラダバーはアメリカとイギリスでとくに人気があるが、いまでははるか遠方のジブラルタル、ブダペスト、クラクフ、モスクワ、そして北京でも高く評価されている。長いテーブルにサラダ用の食材

幅広い選択肢を与えてくれるサラダバー

——葉野菜、薄切りか適当な大きさに切った野菜、もっと食べごたえのある缶入りのツナ、ゆでた鶏肉を角切りにしたもの、ヒヨコマメなど——を盛った容器を並べているのが一般的で、手ごろな値段のレストランでもよく見かけるようになった。

近年では、サラダバーは高級テイクアウト食材店でも主流になり、フランチャイズの有名店が、都会のランチ目当ての人たちをおもな客層とするサラダ専門の店舗を出している。

ジャストサラダ（Just Salads）もそうしたチェーンのひとつで、ニューヨーク、香港、シンガポールに店舗があり、さまざまな種類のサラダ、ラップサンド［トルティーヤで野菜や肉類を巻いた食べ物］、スープ、フローズンヨーグルト、スムージーなどを売っている。

トスト（Tossed）は、ボストン、ヒューストン、ロサンゼルスなどアメリカの主要都市に店舗をかまえるチェーンで、注文を受けてから作るサラダやラップサンドを提供し、「新鮮な50種類の食材と自家製ドレッシング」を売りにしている。

チョップド（Chop't）はサラダを中心にした高級テイクアウトチェーンで、ニューヨークとワシントンＤＣに複数の店舗をもち、その数を増やしている。店の前にできる長い列は、消費者のあいだにサラダ人気が高まっている証拠だろう。とくに都市部の専門職者に人気がある。ニューヨーカーのトニー・シュアとコリン・マッケイブが大学生だった頃に設立したチョップドは、ヘルシーでおいしいものを食べたいという彼らの願望から生まれた。当時の

ニューヨークを拠点とするサラダチェーン「チョップド」

多くの大学キャンパスでは、そうしたおいしい食べ物が見つからなかったのだ。ふたりはビジネス企画書の書き方についての本を参考にして、洗練された都会で新鮮な食べ物を提供するサラダのテイクアウト店を思いつく。メニューには季節感のある食べ物を加え、オンライン注文と配達サービスを提供し、お得意様特典プログラムも作った。

◉サラダよ永遠に

家庭で料理を作る人たち、レストランの料理人、サラダバーの客たちが、サラダに入れるものには決まったルールなどないことに気がつくと、シンプルなサラダと凝ったサラダの伝統的な境界線はあいまいになっていった。シンプルなミックスサラダやグリーンサラダは、いまでも多くのレストランのメニューに消えることなく残っているが、いまやサラダは、プロの料理人にとっても家庭の主婦にとっても、自分の好みと想像力を具体化する手段のひとつになっている。

サラダはまた、多くのタンパク質を含む食材——温かいものも冷たいものも——を加えた料理のベースになる。そして、分子美食学《ガストロノミー》［料理を物理的、化学的に分析する研究分野］に興味のある人たちなら、最新のサラダとして、ドレッシング代わりに市販の、レストランの、あるいは自家製の野菜の泡《フォーム》を使い、料理の世界での脱構築のプロセスを実験することができる。サラダへの「ルールなし」のアプローチは、サラダをいつ出すのかについても、柔軟な考え方をうながしてきた。レストランでは前菜として出される傾向があるが、家庭ではしばしばメインとして、あるいは最後または最後から2番目の料理として食べられる。

いまのところ、サラダの将来は安泰に思える。家庭の食卓に欠かせないメニューとして人気が出て以降、いまではあるのがあたりまえの料理にさえなっている。また、レストランのメニューを何種類かのサラダなしで構成するのは、ほとんど不可能だ。何世紀も前に、ときおりおまけに出されるものとしてはじまった料理――塩味のソースに浸して食べる葉野菜――が、世界中で地元産の新鮮な食材を使ったヘルシーな定番料理として愛され、食文化の一部として欠かせない料理カテゴリーになるなど、いったい誰が想像しただろう?

世界の代表的なサラダ

イスラエルサラダ

細かく切ったトマト、キュウリ、タマネギ、パセリに、レモン汁、オリーブオイル、ときにはニンニクかミントを加えたドレッシングで作るサラダ。研究者のなかにはこれを本当にアラブ生まれのサラダだと主張する人たちもいる。事実がどうであれ、この料理は東地中海地方とアラブ世界の全域、そして、この地方の料理を専門にした世界中のレストランで食べられている。レストランのメニュー上では独立した一品となっているが、ビュッフェの一品や、薄味の料理のつけ合わせとして提供されることも多い。

インサラータ・カプレーゼ

ナポリ生まれの料理で、上質の完熟トマトとモッツァレラチーズのスライスを交互に並べたもの。オリーブオイル、塩、フレッシュバジルを加える。前菜として食事の最初に出されるが、昼食にメインディッシュとして食べることもある。

ウェッジサラダ

レタスをくさび形（ウェッジ）に切ったものの上に、たっぷりのブルーチーズ・ドレッシングをかけたサラダ。アメリカのステーキハウスでよく見かける。基本的な形だけでもカロリーが高いのに、砕いたブルーチーズ、ベーコンの小片、きざんだトマトなどをのせて、さらに高カロリーにすることもある。アメリカでは郷愁を誘うサラダで、洗練された食事客にも好まれる。

ウォルドーフサラダ

細かく切ったリンゴ、セロリ、マヨネーズを、レタスの上にトッピングしたサラダで、のちにはきざんだクルミも加えるようになった。20世紀のはじめ頃に生まれたレシピで、考案者はオスカー・チルキーという粋なホテル支配人とされることが多い。彼はある晩餐会で１５００人の客をもてなしたといわれる。このレシピは彼の『ウォルドーフのオスカーの料理書 *The Cookbook by Oscar of the Waldorf*』（１８９６年）に含まれている。ウォルドーフサラダの人気は根強かった。作詩・作曲家のコール・ポーターは１９３４年のミュージカル『エニシング・ゴーズ *Anything Goes*』のなかの曲「ユア・ザ・トップ You're the Top」の歌詞で、このサラダをほめたたえている(「あなたは最高/あなたはウォルドーフサラダ/あなたは最高/あなたはベルリンのバラード」)。21世紀の現在は、サイドディッシュとして、サラダ数種のなかのひとつとして、あるいは、メインの料理としてそれだけで食べられている。

カッテージチーズとフルーツのサラダ

厳密にはサラダではないが、この典型的なダイエット料理は、メニュー上ではサラダの項目に含まれるのが普通だ。もっとも、その分類はカッテージチーズの種類と量、そしてフルーツの種類と量にもよる。軽くバルサミコ酢をふりかけると、とたんに味わい深くなる。一般には女性のほうが好む(と思われている)。

グリークサラダ(ギリシア風サラダ)

おそらくもとはレタス抜きで作られていたが、現在は世界のどこでも、グリークサラダといえば、トマト、キュウリ、フェタチーズ、オリーブとオレガノ(できればどちらもギリシア産のもの)、油と酢のドレッシングで作るボリュームのあるサラダだ。さまざまなバリエーションがあるのは、伝統的な材料が手に入らないときにほかの材料を代用するからだろう。

たとえば、キプロス島のサラダもよく似ているが、地元産の食材を使い、ときには千切りキャベツかレタス、あるいはその両方を入れる。ニース風サラダ、コブサラダ、シーザーサラダと同じように、グリークサラダはアメリカのギリシア人経営のレストランではおなじみのメニューだ。

コブサラダ

シーザーサラダよりこってりしていて、レタス（もともとは一般的な玉レタスだが、現在はロメインレタスも使う）、アボカドの角切り、ベーコン、鶏胸肉またはハム、ブルーチーズ、ときにはトマト、そしてヴィネグレットソースという、たまらなく魅力的な材料を組み合わせる。

このサラダはロサンゼルスのハリウッド・ブラウンダービー・レストランの所有者、ロバート・H・（ボブ）コブの名前がついているが、いつ考案されたのかについては諸説がある。なかには、このサラダが生まれた年を1929年としているものもあるが、ボブ・コブの未亡人サリー・ライト・コブとマーク・ウィレムズが書いた『ザ・ブラウンダービー・レストラン *The Brown Derby Restaurant*』では、1937年としている。この本によれば、コブはある夜、冷蔵庫の残り物といくらかのベーコンを合わせてこのサラダを編み出した。この本に掲載されているレシピには、ほかの材料としてクレソン、チコリ、チャイブのみじん切り、堅ゆで卵、すりおろしたロックフォールチーズ、そして、このレストランの昔ながらのフレンチドレッシングと書いている。サラダはこのレストランの黒パンを使ったチーズトーストと一緒に提供された。薄く切った黒パンにバターを塗り、パルメザンチーズをふりかけ、熱したグリル（ブロイラー）の下で焼いたものだ。

伝統のコブサラダは昔もいまも変わらずおいしいが、カロリーと脂肪分は間違いなく高く、いまでもメニューにはよく含まれるものの、最近のシェフはもう少しカロリーを減らした現代バージョンで提供することが増えている。

コールスロー

オランダの「コールスラ（koolsla）」または「コールサラデ（koolsalade）」（オランダ語でキャベツサラダの意）の子孫であるコールスローは、基本的には千切りキャベツにマヨネーズ、バターミルクまたはヴィネグレットを混ぜたもの。このサラダの歴史は長い。ドレッシングと追加の材料はさまざまで、地域ごとに変化する。クリーミーなドレッシングを使うところもあれば、もっと酢をきかせたドレッシングを好むところもある。伝統的なコールスローの基本の材料は薄い色のキャベツで、赤キャベツで代用することもある。香味料として一般的なのは、セロリシードと酢。コールスローは一般に、サンドイッチ、ハンバーガー、バーベキュー、フライドチキンなどのサイドディッシュとして出される。しかし、いくつかの材料を重ね合わせたサンドイッチにはさみ込むこともある。とくにパストラミやコーンビーフのサンドイッチに使うことが多い。コールスロー用の袋入りの千切り野菜（キャベツ、ブロッコリ、根菜）も、多くのスーパーマーケットで目にする。おそらく、アメリカではもっとも広範囲で食べられているサラダだろう。

シェフズサラダ

葉野菜を盛ったサラダボウルに、細切りハム、鶏肉または七面鳥、スイスチーズ、ときには卵と薄切りのアボカドなどをのせたこのサラダは、１９４０年代から60年代にかけてアメリカで大人気になった。これは、17世紀のサルマガンディ・サラダ、もっと古くは「グランド・サラダ」の20世紀の後継者と呼べるサラダだが、最近はあまり人気がない。おそらく、シェフズサラダに１９６０年代ほどの人気がなくなったのは、コブサラダと同じように、カロリーが高く、脂肪分が多すぎるからだろう。しかし皮肉なことに、最近人気のサラダバーで好きなものを組み合わせているうちに、シェフズサラダと同じような材料を山盛りにして脂肪分もカロリーもずっと多く摂取することになりかねない。

シェフズサラダの歴史について語ろうとすれば、何人かの料理人の名前を挙げねばならない。ニューヨーク州バッファローのホテル・バッファローのヴィクター・セドゥ、マンハッタンのホテル・ペンシルヴェニアのジャック・ローザー、そして、1940年代にニューヨークのザ・リッツ・カールトンでシェフをしていたルイ・ディア。ディアによって、大勢の人がこのサラダを知るようになった。そして、シェフズサラダ人気に触発され、ほかの数軒のレストランもわずかな変更を加えて自分たちのバージョンのサラダを考案した。たとえば、ビバリーヒルズのブラウンダービーという店では、チャイブのみじん切りを加え、「ビバリー・サラダボウル」と名づけた。

シーザーサラダ

安心して食べられる伝統のサラダだが、瓶入りドレッシングのかけすぎで台無しになることがあまりに多い。その起源はかなり美化されていて、ウォリス・ウォーフィールド・シンプソン［イギリスのエドワード8世と結婚し、エドワード退位の原因をつくったアメリカ人女性］が初期の熱狂的なファンだったとも伝えられる。オリジナルの「レシピ」は、1924年のある夜遅く、ティファナのレストラン店主シーザー・カーディニが食品保存庫に残っていたロメインレタス、ニンニク、クルトン、ウスターソース、パルメザンチーズ、アンチョビを使い、即興で作ったことがはじまりだったとされる。古くからあるサラダだが、世界中のホテルやレストラン、コーヒーショップで、いまも人気のメニューとして残っている。食事客の好みで鶏肉、エビ、サケなど、タンパク質食材を加えられる場合もあり、ついでながら、アンチョビ抜きで注文することもできる。シーザーサラダで重要なのはドレッシングだ。アメリカでは1948年に、「カーディニのオリジナル・シーザー・ドレッシング・ミックス」に特許が与えられたが、無数のサラダドレッシング会社が独自の瓶入りドレッシングを製造している。

タブーレ

レヴァント(東部地中海地方)のアラブ世界、とくにシリアとレバノンの山岳地帯で食べられるサラダで、伝統的にブルグル小麦、みじん切りのパセリ、トマト、キュウリ、ミント、タマネギ、オリーブオイル、レモン汁で作る。調理が簡単で、通常はメッゼ(前菜の盛り合わせ)のなかの一品として提供される。世界的にもよく知られるようになった。

チャイニーズ・チキンサラダ

明らかに中国料理ではないこのサラダは、ゆでた鶏胸肉を細切りか角切りにしたもの、キャベツ、ニンジン、缶詰のシログワイ［レンコンに似た味と食感の根茎をもつカヤツリグサ科の植物］、熱したゴマ油と米酢を加えた醤油ベースのドレッシングで作るサラダで、ロサンゼルス発祥と思われる。風味の豊かさと歯ごたえのよさが特徴で、レシピは1930年代後半から存在している。その後、チリソース、ショウガ、ニンニク、中華麺、缶詰のミカン、クルミ、ピーナッツバター、ライム汁、赤パプリカなども加えるようになった。ランチにぴったりのサラダで、アメリカではどこでもよく見かける。

ニース風サラダ

世界中で愛されているこのサラダは、フランス南部のニースの町に敬意を表したもの。実際の起源ははっきりしていない。カテリーナ・デ・メディチ（フランス語名カトリーヌ・ド・メディシス）がアンリ2世と結婚するために1533年にフランスへやってきたときに、一緒に連れてきた料理人が考案したものだとする歴史研究者もいる。20世紀から21世紀にかけて人気になったものは、サラダボウルよりは皿で提供されることが多く、ゆでたサヤインゲン、缶詰の（できれば油漬けの）ツナ、堅ゆで卵、トマト、オリーブ、ときにはアンチョビに、ヴィネグレット・ドレッシングという内容。最近のレストランは、缶詰のツナではなく生のツナを加熱して使うことが多い。しかし、本当に好きな人たちは一般に缶詰のほうを好む。ニース風サラダは世界でもっともよく知られたメインディッシュのサラダである。

パンツァネッラ

イタリアのトスカーナ地方の夏のサラダで、かたくなったパン（もとはその週に焼いたパンの残り物を使った）、完熟トマト、バジル、上質のオリーブオイル、そして、通常は酢を使う。いつごろから食べられていたか、その起源をたどることはできない。イタリアには、トマトが入ってくる以前からパンサラダが存在したことがわかっている。しかし、新大陸からトマトが伝えられたことで、そのサラダが大きく変わった。現在のシェフたちはこだわりが強く、本当に上質の完熟トマトしか使おうとしない。従来のレシピでは、まずパンを水に浸してから水気を切るが、最近のレシピの多くはそのステップを飛ばし、材料をすべて混ぜたなかにパンを入れて湿らせている。伝統的なものとは違うが、最近のレシピでは赤タマネギ、ニンニク、ときにはセロリやキュウリを加えることもある。気がつけば、このサラダの色（赤、白、緑）は、イタリアの国旗と同じになっていた。

ラープ

タイ北部とラオスで食べられるスパイシーなサラダで、鶏ひき肉（あるいは豚肉や牛肉の場合も）と炒った米粉で作り、レタスの葉とともに室温で提供される。レタスでサラダを巻き、魚醬、すりおろしたライムの皮またはコブミカンの葉、ときにはハチミツ、エシャロット、チリペッパーまたは小さなタイのチリ、フレッシュミントとコリアンダーのドレッシングをつけて食べる。通常は前菜の一品として出される。

リヨン風サラダ

伝統的なフランスのサラダで、17～18世紀にリヨンのシルク工場の労働者がよく食べていたといわれる。緑の葉野菜（通常はフリゼ）、温かいベーコンの厚切り、半熟卵、場合によってはアンチョビに、油と酢のドレッシングをかける。前菜として提供されることが多いが、量がたっぷりなので、昔そうだったようにメインディッシュとして出すこともできる。アメリカでは、このおいしくて食べごたえのあるサラダが人気なのは、ベーコンと卵というおなじみの組み合わせによるものかもしれない。

レタスとトマトのサラダ

19世紀後半から1950年代まで、レタスとトマトの基本的なサラダは、おそらくもっとも一般的なアメリカのサラダだった。ファニー・ファーマーが1896年の『ボストン料理学校の料理本*Boston Cooking School Cook Book*』ですすめているように、マヨネーズをかけて食べることもできる。前菜の一品としてさりげなく提供するか、家族向けレストランや手ごろな値段のレストランでは、サイドディッシュとして出される。トマトが商業栽培されるまでは、このサラダはきっと、なかなかよい味だっただろう。20世紀後半にはファーマーズ・マーケット人気の新たな高まりで、新鮮なレタスと各種トマトが手に入るようになり、立派な一品の料理として認められるようになった。

謝辞

まず、この価値ある食の歴史シリーズを創刊したリアクション・ブックスと発行人のマイケル・R・リーマンに感謝すべきだろう。また、リアクション・ブックスの優秀なチームと、このシリーズのたぐいまれなる才能をもつ編集者アンドリュー・F・スミスにも感謝したい。

私がこの本を書くことに同意したとき、サラダのレシピ本は無数にあっても、サラダの歴史は比較的新しいテーマであるということには思い至らなかった。もっとも、ペルガモンのガレノスは2世紀に書いた『食べ物の力について *On the Power of Foods*』で、それに近いことをしている。当時の食べ物を個別に説明し、いつ、どのように食べられているかを紹介したのだ。したがって、私はガレノスだけでなく、ガレノスの文献を英訳して、わかりやすく読める形にしてくれた歴史家のマーク・グラントにもお礼を述べなければならない。

このテーマについて調べるために必要だった残りの文献の多くについては、とくにニューヨーク公立図書館のお世話になった。ウェルトハイム・スタディの蔵書へのアクセスを認めてくれたことに感謝している。何かの本を読んで、その内容についてメモをとるのと、いつでも参照できるのとでは、まったく違う。また、同僚の食物史家のローラ・シャピロ、アン・メンデルソン、アイリーン・サックス、サラダの歴史への好奇心の強さで私を驚かせた友人たち、そして、ふたりの子供たち、クレア・ウェインラウブとジェシー・ウェインラウブにも感謝している。ふたりは当然ながら、このテーマについてこれまで深く考えたことはなかったが、辛抱強く私の話に耳を傾け、私の発見したことに興味すらもってくれた。

訳者あとがき

ヘルシーな料理としてすぐに思い浮かぶのがサラダ。ごくシンプルなグリーンサラダなら、手間も時間もかけずに作ることができるので、きっと遠い昔から、手軽な栄養源として人々の食生活の欠かせない一部だったのだろうと想像するかもしれない。ところが、意外にも古代の人々は、のちにサラダと呼ばれるようになる食べ物を敬遠していたらしい。サラダが料理としての価値を認められるまでには長い年月を必要とした。

本書『サラダの歴史 *Salad: A Global History*』は、イギリスの Reaktion Books が刊行している The Edible Series の一冊である。このシリーズは、料理とワインに関する良書を選定するアンドレ・シモン賞の特別賞を2010年に受賞した。著者のジュディス・ウェインラウブはニューヨークを拠点とするライター、編集者、歴史研究者で、この食のシリーズの一冊を担当するにあたり、身近な料理でありながら、これまであまり深く論じられてこなかったサラダを選んだところ、その歴史は思いのほか複雑で驚かされたという。サラダとして分類されてきた料理のあまりの幅広さに、まず「サラダとは何か」の定義からはじめなければならなかった。

それでも、サラダの原点ははっきりしたようだ。はじまりはレタス――。いまでもサラダの基本材料となるレタスだから、この結果自体は驚くものではないが、なぜレタスだったのか、という点がじつは興味深い。古代ギリシア・ローマ時代には、生の野菜を食べるのは体によくないと考えられていた。そのなかで唯一レタスだけは、生で食べるのが普通だった。そのレタスに塩か魚醤をつけて食べたのが、サラダの起源というわけである。やがて、レタスをはじめとする葉野菜に塩・酢・油のドレッシングを合わせたものがサラダの基本形となり、現在のグリーンサラダの祖先になった。

著者は、古代から中世、近世から現代にいたる各時代の料理に関する文献や文学、料理レシピの考察をもとに、古代には健康的な食べ物として評価されていなかったサラダが、どのような経緯でレストランや家庭の食卓での人気メニューになっていったのかを明らかにしていく。生野菜は体に悪いという古代の考え方から解放され、ようやくサラダの健康的な価値が広く認められるのは20世紀に入ってからのこと。そして、サラダ発展の舞台はヨーロッパからアメリカへと移り、健康ブームの到来とともに、市販のマヨネーズの登場がサラダ史上最大といってもいい大変革をもたらす。これを機に次々と新しいタイプのドレッシングも考案され、いまでは数え切れないほどの種類のドレッシングがスーパーマーケットの棚を埋めつくしている。同じ食材でもドレッシングを変えればまったく異なる味が楽しめ、組み合わせもアレンジも自由自在。サラダは今後もますます進化していきそうである。

彩り豊かで、目でも楽しむことができ、体にもよいサラダは、食の世界の優等生というイメージだが、サラダ風料理の幅が広がったことで、これまで以上にサラダの定義はむずかしくなっているかもしれない。近頃では「これはサラダなのか？」と思うようなレシピを見かけることも多い。それでも、ヘルシーなサラダを食べている自分を「誇らしく感じる」健康志向の現代人にとって、サラダに分類され、サラダという名前がついているだけで、その料理の魅力は増すようだ。「サラダ」という言葉には、ちょっとした魔法の力が備わっている。

２０１６年11月

田口未和

写真ならびに図版への謝辞

図版の提供と掲載を許可してくれた関係者にお礼を申し上げる。

Alamy: pp. 104 (Wayhunters), 148 (dbimages); Alka at SindhIRasoi. com: p. 109; Bigstock: pp. 106 (aoo3771), 140 (HandmadePictures); Boston Public Library: p. 126; Dreamstime: pp. 16 (Doethion), 34 (Rawlik), 55 (cobraphoto), 83 (Mirceaux), 133 (Hel080808); Foodista: p. 128; Getty Images: p. 45 (Leemage); iStockphoto: pp. 6 (Anthony Boulton), 13 (bhofack2), 20 (NightandDayImages), 22 (LOVE_LIFE), 24 (buccino tiphaine), 76 (MychkoAlezander), 81 (rez-art), 94 (modesigns58), 96 (DiyanaDimitrova), 113 (AdShooter), 137 (Lesyy), 142 (MarynaVoronova), 146 (luoman); Library of Congress, Washington, DC: p. 119; Mary Evans Picture Library: p. 57; The Metropolitan Museum of Art, New York: p. 32; © Musée du Louvre, Dist. RMN-Grand Palais/Art Resource, NY: p. 59; National Archives and Records Administration (NARA), Washington, DC: p. 144; REX Shutterstock: pp. 78 (Everett), 99 (imageBroker); Shutter stock: pp. 11 (Tamara Kulikova), 37 (Warren Price Photography), 65 (CKP1001), 88, 121 (gcpics), 123 (Carlos Yudica); Victoria & Albert Museum, London: p. 117; The Wellcome Library, London: pp. 53, 85; West Coast Seeds: p. 101.

and London, 1994)
Rebora, Giovanni, trans. Albert Sonnenfeld, *Culture of the Fork* (New York, 1998)
Revel, Jean-François, *Culture and Cuisine: A Journey Through the History of Food* (New York, 1982)
Roden, Claudia, *The Food of Spain* (New York, 2011)
Rombauer, Irma S., *The Joy of Cooking* (New York, 1936)
Salads, including Appetizers: Favorite Recipes of Home Economics Teachers (Montgomery, AL, 1964) , with acknowledgments to the American Dairy Association, Knox Gelatin, Inc., Kroger; Sunkist Growers, the USDA, Wesson Oil and Snowdrift People
Schlesinger, Chris, and John Willoughby, *Lettuce in Your Kitchen* (New York, 1996)
Scully, Terence, *The Art of Cookery in the Middle Ages* (Woodbridge, Suffolk, 1995)
——, *La Varenne's Cookery: François Pierre, Sieur de La Varenne* (Totnes, 2006)
——, *The Opera of Bartolomeo Scappi* [1570] (Toronto, Buffalo and London, 2008)
Shapiro, Laura, *Perfection Salad* (New York, 1986)
Shimizu, Shinko, *New Salads: Quick Healthy Recipes from Japan* (Tokyo, New York and San Francisco, 1986)
Toussaint-Samat, Maguelonne, *A History of Food*, trans. Anthea Bell (Oxford, 1992) [『世界食物百科』マグロンヌ・トゥーサン＝サマ著，玉村豊男監訳，原書房，1998年]
Tsuji, Shizuo, *Japanese Cooking: A Simple Art* (Tokyo, 1980)
Ude, Louis Eustache, *The French Cook* [1828] (New York, 1978)
Vehling, Joseph Dommers, *Apicius: Cooking and Dining in Imperial Rome* (New York, 1977)
Volokh, Anne, *The Art of Russian Cooking* (New York, 1983)
Weaver, William Woys, trans. and ed., *Sauer's Herbal Cures: America's First Book of Botanic Healing* (New York and London, 2001)
Wells, Patricia, *Salad as a Meal* (New York, 2011)
Wheaton, Barbara Ketcham, *Savoring the Past: The French Kitchen and Table from 1300 to 1789* (New York, 1983) [『味覚の歴史―フランスの食文化 中世から革命まで』バーバラ・ウィートン著，辻美樹訳，大修館書店，1991年]

参考文献

Albala, Ken, *The Banquet: Dining in the Great Courts of Late Renaissance Europe* (Urbana and Chicago, IL, 2007)

——, *Cooking in Europe, 1256-1650* (Westport, CT, and London, 2006)

——, *Eating Right in the Renaissance* (Berkeley, Los Angeles and London, 2002)

Bothwell, Don and Patricia, *Food in Antiquity* (London, 1969)

Capatti, Alberto, and Massimo Montanari, *Italian Cuisine: A Cultural History* (New York, 2003)［『食のイタリア文化史』アルベルト・カパッティ，マッシモ・モンタナーリ著，柴野均訳，岩波書店，2011年］

Caskey, Liz, *South American Cooking* (Guilford, CT, 2010)

Dalby, Andrew, *Food in the Ancient World from A to Z* (London and New York, 2003)

Ewing, Mrs Emma P., *Salad and Salad Making* (Chicago, IL, 1884)

Flandrin, Jean-Louis, *Arranging the Meal: A History of Table Service in France* (Berkeley, Los Angeles and London, 2007)

Glasse, Hannah, *The Art of Cookery Made Plain and Easy* (Carlisle, MA, 1998)

Grainger, Sally, and Christopher Grocock, *Apicius: A Critical Edition* (Totnes, 2006)

Grant, Mark, *Galen: On Food and Diet* (London and New York, 2000)

Guy, Christian, *An Illustrated History of French Cuisine*, trans. Elisabeth Abbott (New York, 1962)

Hulse, Olive M., *200 Recipes for Making Salads with Thirty Recipes for Dressing and Sauces* (Chicago, IL, 1910)

Ilkin, Nur, and Sheila Kaufman, *The Turkish Cookbook* (Northampton, 2010)

Maestro Martino of Como, *The Art of Cooking*, trans. and annot. Jeremy Parzen, ed. and intro. Luigi Ballerini (Berkeley and Los Angeles, CA, 2005)

Markham, Gervase, *The English Housewife* (Kingston and Montreal, 1986)

Marton, Beryl M., *The Complete Book of Salads* (New York, 1969)

Massonio, Salvatore, *Archidipno, overo Dell'insalate, e dell'uso di essa* (Venice, 1627)

May, Robert, *The Accomplisht Cook; or, The Art and Mystery of Cookery* (London, 1994)

Milham, Mary Ella, *Platina, On Right Pleasure and Good Health* (Tempe, AZ, 1998)

Miller, Gloria Bley, *The Thousand Recipe Chinese Cookbook* (New York, 1966)

Peterson, T. Sarah, *Acquired Taste: The French Origins of Modern Cooking* (Ithaca, NY,

レシピ集

このレシピ集には材料の大きさや分量を具体的に書いているが，サラダの特徴として，分量や大きさは柔軟にアレンジできる。ロメインレタスは，ひとつひとつ大きさが異なる。レモンの酸味の強さもそれぞれ異なる。夏のトマトは温室栽培のトマトよりも味が濃い。基本の酢と油でさえ，味や舌触りが異なる。以下のレシピは自分好みにアレンジして利用することをおすすめする。

伝統のサラダ

◉ミックスサラダ

プラティーナ，1473 ～ 75年頃。

1. レタス，牛タン，ミント，キャットニップ［イヌハッカとも呼ばれるハーブの一種］，フェンネル，パセリ，クレソン，オレガノ，チャービル，チコリ，タンポポの葉（医師たちはタラクサカムやアルノクロッサと呼ぶ），イヌホウヅキ，フェンネルの花，そのほか香りのよい各種ハーブを集め，よく洗い，水気を切る。
2. 大きな皿に盛り，塩を多めにふりかける。オイルを加え，さらに酢を上からふりかける。味がなじむまで少し時間をおく。
3. 野菜やハーブがかためなので，よくかんで食べる。

◉エクセレント・ミックスサラダ

ジャコモ・カステルヴェトロ，16世紀後半。ここで紹介する春に食べるサラダのなかでは，もっともよく知られ，もっとも愛されている。作り方は以下のとおり。

1. ミントとキンレンカの若い葉，バジル，サラダバーネット（オランダワレモコウ），タラゴン，ルリジサの花とやわらかい葉，エルバステラ（ヘラオオバコ）の花，フェンネルの新芽，ルッコラの葉，ソレル（スイバ）の葉，またはレモンバーム，ローズマリーの花，ニオイスミレ少々，レタスの芯に近い部分のやわらかい葉を用意する。
2. これらの貴重な葉野菜の葉をばらし，何度か水を換えて洗い，きれいな麻布で軽く水気をふき取る。
3. いつもどおり，油，塩，酢のドレッシングをかける。

◉詩人のサラダ

シドニー・スミス，19世紀初期。シドニー・

スミス牧師は，1771年から1845年まで生きた。このサラダには2種類のレシピがある。ここで紹介するのは，19世紀のイギリスの作家兼古物収集家のジョン・ティンブスが記録したもの。

ジャガイモ大2個をざるで裏ごしすれば
サラダにはめったにないやわらかさ
そしてマスタードをスプーン1杯
すぐに刺激を与える香味料は信用できない
しかし，詩人よ，それを間違いと決めつけてはいけない
その倍量の塩を加えるといい
ルッカ種のオリーブオイルをスプーン3杯
さらに，町で手に入れたビネガーを1杯
本物の風味にはそれが必要だ――そしてあなたの詩人はこう願う
よくゆでた卵2個の黄身をすりつぶし
タマネギのみじん切りを混ぜて輝かせてほしい
ほんの少量のものが全体を動かすのだから
最後に花のように美しいサラダに
スープスプーン1杯のアンチョビソースで魔法をかける
すると，ウミガメは期待はずれで，鹿肉はかたすぎても
ハムと七面鳥のゆで方が不十分でも
穏やかに満たされた美食家はこう言うだろう――
運命など恐れるに足りない，私は今日もこうして食事を終えた

……………………………………………

◉サラモンガンディの作り方

ハンナ・グラッセ，『シンプルで簡単な料理』（1747年）。

1. ロメインレタスまたはキャベツ2～3個をきれいに洗い，布で水気をふき取る。
2. 上から十字に4等分してから，太めの千切りにする。皿の上全体に2.5*cm*の厚みできれいに広げる。
3. ローストして冷やしておいた鶏の胸肉と手羽を長さ7.5*cm*，幅6*mm*程度，シリング硬貨1枚ほどの厚みの薄切りにする。レタスまたはキャベツの上に，皿の中央から縁に向かって花びらが広がるような円形にのせる。
4. 骨を取ったアンチョビ6尾を8等分に切る。鶏肉のあいだにのせる。
5. もも肉を角切りにし，レモン1個も小さな角切りにする。卵黄4個分とアンチョビ3～4尾，パセリ少々を粗くきざみ，皿の中央に円錐状に盛りつける。
6. 卵黄ほどの大きさのタマネギをたっぷりの湯で，白くなるまでやわらかくゆでる。いちばん大きなタマネギを皿の中央にのせ，残りは皿の縁を取り囲むようにのせられるだけ飾る。
7. サラダオイルに酢，塩，コショウを加えてよくかき混ぜ，全体にかける。
8. 熱湯につけたブドウ，あるいは湯通ししたサヤインゲン，キンレンカ

の花などで飾りつけし，第1のコースの料理として出す。

現代のサラダ

◉基本のヴィネグレットソース

オリーブオイル…カップ1（225ml）
酢…カップ¼～⅓（55～75ml）
塩・コショウ…適量
ディジョン・マスタード（好みで）…小さじ2

1. 塩，コショウ，マスタード（使う場合），酢を小さなボウルに入れ，よくかき混ぜる。
2. かき混ぜながら，オリーブオイルをゆっくり加える。

◉シェフズサラダ

このサラダの考案者については食物史家のあいだで意見が分かれ，1940年代にニューヨークまたはカリフォルニアの有名ホテルで働いていた何人かのシェフの名前が挙がっている。通常はメインディッシュとして出される。

（4～6人分）
葉野菜（赤い葉のレタスを含む），またはグリーンミックス…カップ6～8（300～400g）
スイスチーズ…100g（細切り）
焼いたハム…100g（細切り）
ゆでた鶏肉または七面鳥の胸肉…100g
堅ゆで卵…2個（殻をむいて薄切りにする）
アボカド（完熟）…1個（1.5cmの角切り）
チェリートマト…カップ1（半分に切る）
ヴィネグレットソース（レシピは上を参照）…カップ1

1. 大きなボウルに野菜を入れる。残りの材料を加えて混ぜる。
2. 食べる直前にヴィネグレットソースをゆっくり加える。かけすぎないように注意する。

◉コブサラダ

伝統的なアメリカのサラダ。1937年にロサンゼルスのザ・ブラウンダービー・レストランの所有者，ロバート・コブが考案した。通常はメインディッシュとして出される。

（メインディッシュ4人分）
［サラダ用］
レタスまたはロメインレタス…1玉（洗って水気を切り，長さ3～5cmに切る）
クレソン…½束（粗くきざむ）
鶏胸肉…1羽分（骨と皮を取り，ゆ

でたものを一口サイズに切る）
ブルーチーズ…50g（くずしておく）
アボカド…熟したもの1個（1～2cmの角切り）
トマト…中3～4個（皮をむいて種を取り，3cm角に切る）
焼いたベーコン…6枚（適当な大きさにくずしておく）
［ドレッシング用］
上質のオリーブオイル（菜種油，キャノーラ油でも代用可）…大さじ4
上質の酢…大さじ1
レモン汁…小さじ2～3
ディジョン・マスタード…小さじ1
塩・コショウ…適量

1. ドレッシングの材料を小さなボウルに入れ，よくかき混ぜる。
2. 大きなボウルにレタスとクレソンを入れて混ぜ，大皿の上に盛る。
3. 鶏胸肉，ブルーチーズ，ベーコン，トマト，アボカドを，その上に細長い列にして並べる。
4. ドレッシングを全体にかける。

◉ウォルドーフサラダ

［サラダ用］
ボストンレタスまたはロメインレタス…1玉
タルト用リンゴ…小または中3個（洗って皮をむき，芯を取り除いて角切り）
セロリの茎…2～3本（洗って1cm長さに切る。リンゴとほぼ同量にする）
クルミ…カップ½～¾（50～60g）（炒ってきざむ）
レーズン…カップ¼（40g）
［ドレッシング用］
（できれば自家製の）上質のマヨネーズ…カップ½～⅔（110～150ml）
レモン汁…適量
塩・コショウ…適量

1. 大きめのボウルにマヨネーズとレモン汁を入れて混ぜ，ドレッシングを作る。
2. 別のボウルにリンゴ，セロリ，レーズンを入れ，レモン汁と塩・コショウをふりかける。ドレッシングのボウルに入れて混ぜる。
3. 仕上げにクルミを加える。大皿または個々のサラダ皿にレタスを盛り，その上に2のサラダをのせる。

◉アジア風キャベツサラダ

さっぱりしたサラダで，アジア料理にもそれ以外の料理にもよく合う。

［ドレッシング用］
米酢…カップ1（225ml）
野菜のオイル…カップ¼（35ml）
ゴマ油…大さじ2
砂糖…大さじ1～2

ショウガ（すりおろし）…大さじ1
塩・コショウ…適量
[サラダ用]
白菜…カップ6（450*g*）（細切り）
生のコリアンダー…カップ ¼（30*g*）（粗くきざむ）

1. ドレッシングの材料を混ぜて泡立てる。
2. キャベツの上にドレッシングをかけ，コリアンダーを加えてよく混ぜる。

....

◉グリークサラダ

（メインディッシュ 4人分）
[サラダ用]
ロメインレタス…1玉（洗って水気を切り，一口サイズに切るか手でちぎる）
赤タマネギ…小1個（薄切り）
プラムトマト…3個（角切り）
キュウリ…1本（皮のまま粗くきざむ）
黒オリーブ（できればカラマータ産）…カップ ½（100*g*）（粗くきざむ）
赤パプリカまたはピーマン…2個（種を取って乱切り）
チェリートマトまたはミニトマト…カップ1～2（150～300*g*）（半分に切る）
乾燥オレガノ…小さじ ½
ニンニク…1片（つぶして細かくきざむ）
フェタチーズ…カップ ¼～½（50～100*g*）（一口サイズに砕くか切るかして，水気を切る）
[ドレッシング用]
エクストラバージン・オリーブオイル…大さじ3
レモン汁または赤ワインビネガー（両方を混ぜてもいい）…大さじ1
ニンニク（好みで）…1～2片（粗くきざむ）
乾燥オレガノ…小さじ ½
塩・コショウ…適量

1. 小さなボウルにビネガー，塩，コショウ，ニンニク，オレガノを入れて混ぜる。
2. かき混ぜながら，オリーブオイルを少しずつゆっくり注ぎ入れる。完全に混ざるまで泡立てたら，そのままおいておく。
3. 大きなボウルにフェタチーズ以外のサラダの材料を入れて混ぜる。ドレッシングを加えてさらに混ぜる。フェタチーズを加え，軽く混ぜる。

....

◉スカンジナビア・キュウリサラダ

さっぱりしたサイドディッシュ用サラダ。

（4人分）
[サラダ用]
キュウリ…大3本
ディル…大さじ1（粗くきざむ）
[ドレッシング用]
白ワインビネガー…カップ⅓

リンゴ酢…大さじ2
砂糖…大さじ1
水…大さじ2

1. ビネガー，リンゴ酢，砂糖，水を混ぜる。砂糖が溶けるまでよく混ぜたら，おいておく。
2. キュウリを縦半分に切り，種をスプーンなどで取り除き，薄切りにする。塩をふり，1時間おいておく。布などでたたくようにして水気を取る。
3. 大きなボウルにキュウリを入れ，1を注ぐ。大皿または器に移し，ディルをふりかける。

……………………………………………

◉アボカド，タマネギ，トマトのサラダ
葉野菜を使わないサラダ。

（2 ～ 4人分）
アボカド…2個（皮をむき，一口サイズに切る）
赤タマネギ…中 ½ 個
トマト…4個（縦半分に切り，薄切り）
乾燥オレガノ…小さじ1
（または生のオレガノのみじん切り…大さじ1）
上質のオリーブオイル…カップ ¾（165*ml*）
赤ワインビネガー…カップ ¼（55*ml*）

1. 大皿または個々の皿に薄切りトマトを並べる。
2. オリーブオイルとビネガーをかけ，オレガノ，塩・コショウをふりかける。
3. ラップをして，室温で1時間おく。
4. 残ったオイルとビネガーをよく混ぜる。
5. サラダの材料すべてを大きなボウルに入れる。ドレッシングを入れて混ぜる。
6. 塩・コショウを好みの分量で加える。仕上げに（使う場合は）生のオレガノをちらす。

……………………………………………

◉キュウリの薄切り入りライタ
インド生まれのサイドディッシュで，ほかのもっと伝統的なサラダの代わりになる。

（サイドディッシュ 4人分）
キュウリ…2本（皮をむいて千切り）
ギリシアヨーグルト…カップ2
フレッシュミントのみじん切り…大さじ1
白砂糖…小さじ ½
塩・白コショウ…適量

1. 大きめのボウルにヨーグルトを入れ，砂糖，塩，コショウを加える。冷蔵庫で1 ～ 2時間おく。
2. 1のボウルにキュウリを静かに加え，軽く混ぜる。
3. 仕上げにミントのみじん切りをちらす。

……………………………………………

◉ベトナム風チキンサラダ
簡単に作れるメインディッシュ用サラダ。

(4人分)
[サラダ用]
市販のロティサリーチキン…1羽
白菜…カップ4(300*g*)(細切り)
赤パプリカ…1個(種を取り除いて一口サイズに切る)
フレッシュミント…カップ½(60*g*)(みじん切り)
フレッシュコリアンダー…カップ¼(30*g*)(みじん切り)
ピーナッツ…カップ½(70*g*)(きざむ)
[ドレッシング用]
ライム汁(フレッシュ)…カップ¼(35*ml*)
野菜オイル…大さじ3
ニンニク…2片(みじん切り)
砂糖…大さじ2
アジアの魚醤…大さじ2

1. 鶏肉の皮を除き,細切りにしたものを2カップ分作る。
2. 大きめのボウルにキャベツと赤パプリカを入れて混ぜる。
3. 別の小さめのボウルにドレッシングの材料を入れて混ぜる。
4. 鶏肉の上にドレッシングを注ぎ,キャベツとパプリカも加えて混ぜる。
5. 小さなボウルにミントとコリアンダーを入れて混ぜ,鶏肉に加える。
6. 仕上げにピーナッツをちらす。

ジュディス・ウェインラウブ（Judith Weinraub）
ライター，編集者，オーラル・ヒストリアン。ワシントン・ポスト紙で長く記者および編集者を務めた。料理界のアカデミー賞ともいわれるジェームズ・ビアード賞のライティング・オン・フード（食に関する著作）部門で2度の受賞経験がある。

田口未和（たぐち・みわ）
上智大学外国語学部卒。新聞社勤務を経て翻訳業に就く。主な訳書に『「食」の図書館　ピザの歴史』『「食」の図書館　ナッツの歴史』『フォト・ストーリー　英国の幽霊伝説：ナショナル・トラストの建物と怪奇現象』（以上，原書房），『デジタルフォトグラフィ』（ガイアブックス），『インド　厄介な経済大国』（日経BP社）など。

「食《しょく》」の図書館《としょかん》

サラダの歴史《れきし》

●

2016年12月23日　第1刷

著者……………ジュディス・ウェインラウブ
訳者……………田口未和《たぐちみわ》
装幀……………佐々木正見

発行者……………成瀬雅人
発行所……………株式会社原書房

〒160-0022 東京都新宿区新宿 1-25-13
電話・代表 03(3354)0685
振替・00150-6-151594
http://www.harashobo.co.jp

印刷……………新灯印刷株式会社
製本……………東京美術紙工協業組合

ISBN 978-4-562-05329-2, Printed in Japan

ミルクの歴史　《「食」の図書館》

ハンナ・ヴェルテン／堤理華訳

おいしいミルクには波瀾万丈の歴史があった。古代の搾乳法から美と健康の妙薬と珍重された時代、危険な「毒」と化したミルク産業誕生期の負の歴史、今日の隆盛までの人間とミルクの営みをグローバルに描く。　２０００円

ジャガイモの歴史　《「食」の図書館》

アンドルー・F・スミス／竹田円訳

南米原産のぶこつな食べものは、ヨーロッパの戦争や飢饉、アメリカ建国にも重要な影響を与えた！　波乱に満ちたジャガイモの歴史を豊富な写真と共に探検。ポテトチップス誕生秘話など楽しい話題も満載。　２０００円

スープの歴史　《「食」の図書館》

ジャネット・クラークソン／富永佐知子訳

石器時代や中世からインスタント製品全盛の現代までの歴史を豊富な写真とともに大研究。西洋と東洋のスープの決定的な違い、戦争との意外な関係ほか、最も基本的な料理「スープ」をおもしろく説き明かす。　２０００円

ビールの歴史　《「食」の図書館》

ギャビン・D・スミス／大間知知子訳

ビール造りは「女の仕事」だった古代、中世の時代から近代的なラガー・ビール誕生の時代、現代の隆盛までのビールの歩みを豊富な写真と共に描く。地ビールや各国ビール事情にもふれた、ビールの文化史！　２０００円

タマゴの歴史　《「食」の図書館》

ダイアン・トゥープス／村上彩訳

タマゴは単なる食べ物ではなく、完璧な形を持つ生命の根源、生命の象徴である。古代の調理法から最新のレシピまで人間とタマゴの関係を「食」から、芸術や工業デザインほか、文化史の視点までひも解く。　２０００円

（価格は税別）

鮭の歴史 《「食」の図書館》

ニコラース・ミンク／大間知知子訳

人間がいかに鮭を獲り、食べ、保存（塩漬け、燻製、缶詰ほか）してきたかを描く、鮭の食文化史。アイヌを含む日本の事例も詳しく記述。意外に短い生鮭の歴史、遺伝子組み換え鮭など最新の動向もつたえる。２０００円

レモンの歴史 《「食」の図書館》

トビー・ゾンネマン／高尾菜つこ訳

しぼって、切って、漬けておいしく、油としても使えるレモンの歴史。信仰や儀式との関係、メディチ家の重要な役割、重病の特効薬など、アラブ人が世界に伝えた果物には驚きのエピソードがいっぱい！　２０００円

牛肉の歴史 《「食」の図書館》

ローナ・ピアッティ＝ファーネル／富永佐知子訳

人間が大昔から利用し、食べ、尊敬してきた牛。世界の牛肉利用の歴史、調理法、牛肉と文化の関係等、多角的に描く。成育における問題等にもふれ、「生き物を食べること」の意味を考える。２０００円

ハーブの歴史 《「食」の図書館》

ゲイリー・アレン／竹田円訳

ハーブとは一体なんだろう？　スパイスとの関係は？　それとも毒？　答えの数だけある人間とハーブの物語の数々を紹介。人間の食と医、民族の移動、戦争…ハーブには驚きのエピソードがいっぱい。２０００円

コメの歴史 《「食」の図書館》

レニー・マートン／龍和子訳

アジアと西アフリカで生まれたコメは、いかに世界中へ広がっていったのか。伝播と食べ方の歴史、日本の寿司や酒をはじめとする各地の料理、コメと芸術、コメと祭礼など、コメのすべてをグローバルに描く。２０００円

（価格は税別）

ウイスキーの歴史《「食」の図書館》
ケビン・R・コザー／神長倉伸義訳

ウイスキーは酒であると同時に、政治であり、経済であり、文化である。起源や造り方をはじめ、厳しい取り締まりや戦争などの危機を何度もはねとばし、誇り高い文化にまでなった奇跡の飲み物の歴史を描く。　2000円

豚肉の歴史《「食」の図書館》
キャサリン・M・ロジャーズ／伊藤綺訳

古代ローマ人も愛した、安くておいしい「肉の優等生」豚肉。豚肉と人間の豊かな歴史を、偏見／タブー、労働者などの視点も交えながら描く。世界の豚肉料理、ハム他の加工品、現代の豚肉産業なども詳述。　2000円

サンドイッチの歴史《「食」の図書館》
ビー・ウィルソン／月谷真紀訳

簡単なのに奥が深い…サンドイッチの驚きの歴史！「サンドイッチ伯爵が発明」説を検証する、鉄道・ピクニックとの深い関係、サンドイッチ高層建築化問題、日本の総菜パン文化ほか、楽しいエピソード満載。　2000円

ピザの歴史《「食」の図書館》
キャロル・ヘルストスキー／田口未和訳

イタリア移民とアメリカへ渡って以降、各地の食文化に合わせて世界中に広まったピザ。本物のピザとはなに？　世界中で愛されるようになった理由は？　シンプルに見えて実は複雑なピザの魅力を歴史から探る。　2000円

パイナップルの歴史《「食」の図書館》
カオリ・オコナー／大久保庸子訳

コロンブスが持ち帰り、珍しさと栽培の難しさから「王の果実」とも言われたパイナップル。超高級品、安価な缶詰、トロピカルな飲み物など、イメージを次々に変えて世界中を魅了してきた果物の驚きの歴史。　2000円

（価格は税別）

リンゴの歴史　《「食」の図書館》
エリカ・ジャニク著　甲斐理恵子訳

エデンの園、白雪姫、重力の発見、パソコン…人類最初の栽培果樹であり、人間の想像力の源でもあるリンゴの驚きの歴史。原産地と栽培、神話と伝承、リンゴ酒（シードル）、大量生産の功と罪などを解説。　２０００円

ワインの歴史　《「食」の図書館》
マルク・ミロン著　竹田円訳

なぜワインは世界中で飲まれるようになったのか？　8千年前のコーカサス地方の酒がたどった複雑で謎めいた歴史を豊富な逸話と共に語る。ヨーロッパからインド／中国まで、世界中のワインの話題を満載。　２０００円

モツの歴史　《「食」の図書館》
ニーナ・エドワーズ著　露久保由美子訳

古今東西、人間はモツ（臓物以外も含む）をどのように食べ、位置づけてきたのか。宗教との深い関係、高級食材でもあり貧者の食べ物でもあるという二面性、食料以外の用途など、幅広い話題を取りあげる。　２０００円

砂糖の歴史　《「食」の図書館》
アンドルー・F・スミス著　手嶋由美子訳

紀元前八千年に誕生したものの、多くの人が口にするようになったのはこの数百年にすぎない砂糖。急速な普及の背景にある植民地政策や奴隷制度等の負の歴史もふまえ、人類を魅了してきた砂糖の歴史を描く。　２０００円

オリーブの歴史　《「食」の図書館》
ファブリーツィア・ランツァ著　伊藤綺訳

文明の曙の時代から栽培され、多くの伝説・宗教で重要な役割を担ってきたオリーブ。神話や文化との深い関係、栽培・搾油・保存の歴史、新大陸への伝播等を概観、また地中海式ダイエットについてもふれる。　２２００円

（価格は税別）

ソースの歴史　《「食」の図書館》

メアリアン・テブン著　伊藤はるみ訳

高級フランス料理からエスニック料理、B級ソースまで…世界中のソースを大研究！　実は難しいソースの定義、進化と伝播の歴史、各国ソースのお国柄、「うま味」の秘密など、ソースの歴史を楽しくたどる。

２２００円

水の歴史　《「食」の図書館》

イアン・ミラー著　甲斐理恵子訳

安全な飲み水の歴史は実は短い。いや、飲めない地域は今も多い。不純物を除去、配管・運搬し、酒や炭酸水として飲み、高級商品にもする…古代から最新事情まで、水の驚きの歴史を描く。

２２００円

オレンジの歴史　《「食」の図書館》

クラリッサ・ハイマン著　大間知知子訳

甘くてジューシー、ちょっぴり苦いオレンジは、エキゾチックな富の象徴、芸術家の霊感の源だった。原産地中国から世界中に伝播した歴史と、さまざまな文化や食生活に残した足跡をたどる。

２２００円

ナッツの歴史　《「食」の図書館》

ケン・アルバーラ著　田口未和訳

クルミ、アーモンド、ピスタチオ…独特の存在感を放つナッツは、ヘルシーな自然食品として再び注目を集めている。世界の食文化にナッツはどのように取り入れられていったのか。多彩なレシピも紹介。

２２００円

ソーセージの歴史　《「食」の図書館》

ゲイリー・アレン著　伊藤綺訳

古代エジプト時代からあったソーセージ。原料、つくり方、食べ方…地域によって驚くほど違う世界中のソーセージの歴史。馬肉や血液、腸以外のケーシング（皮）などの珍しいソーセージについてもふれる。

２２００円

（価格は税別）